MARCO POLO

Andalusien

Reisen mit Insider Tipps

Diesen Führer schrieb Martin Dahms.
Er lebt seit 1994 als freier
Zeitungskorrespondent in Madrid.

www.marcopolo.de

Infos zu den beliebtesten Reisezielen
im Internet, siehe auch Seite 106

MAIRS GEOGRAPHISCHER VERLAG

SYMBOLE

Marco Polo Insider-Tipps:
Von unserem Autor für Sie entdeckt

★ **Marco Polo Highlights:**
Alles, was Sie in Andalusien kennen sollten

Hier haben Sie eine schöne Aussicht

Wo Sie junge Leute treffen

PREISKATEGORIEN

Hotels

€€€	ab	80 Euro
€€	ab	45 Euro
€	bis	45 Euro

Preise für eine Nacht im Doppelzimmer für zwei Personen ohne Frühstück.

Restaurants

€€€	ab	26 Euro
€€	ab	13 Euro
€	bis	13 Euro

Preise für ein Essen mit Vorspeise, Hauptgericht, Nachtisch.

KARTEN

[114 A1] Seitenzahlen und Koordinaten für den Reiseatlas Andalusien

Karten zu Córdoba, Granada, Málaga und Sevilla finden Sie im hinteren Umschlag.

Zu Ihrer Orientierung sind auch die Orte mit Koordinaten versehen, die nicht im Reiseatlas eingetragen sind.

GUT ZU WISSEN

Carmen & Co. **16** · Andalusische Spezialitäten **20**
Paradores **39** · Boabdil **54** · Literaturtipps **69**

Inhalt

Die wichtigsten MARCO POLO Highlights

Sehenswürdigkeiten, Orte und Erlebnisse, die Sie nicht verpassen sollten

1. **Semana Santa**
Niemand weiß seinen Glauben mit solcher Inbrunst zur Schau zu stellen wie die Andalusier während der Karwoche (Seite 25)

2. **Wallfahrt nach El Rocío**
Hunderttausende fröhlicher Pilger, unterwegs mit Sherry und Gitarren, um der Jungfrau vom Morgentau zu huldigen (Seite 25)

3. **Sierra de Aracena**
Ein Naturpark für Hitzeflüchtlinge in Andalusiens Nordwesten – Lustwandeln unter Kork- und Steineichen (Seite 27)

4. **Mezquita**
In der mehr als 1000 Jahre alten Moschee in Cordoba ist ein Wald aus steinernen Säulen zu bestaunen (Seite 31)

5. **Barrio Santa Cruz**
Verwinkelte Gassen, gemütliche Bars, kleine Läden in Sevillas altem Judenviertel (Seite 36)

6. **Kathedrale**
Die größte gotische Kirche der Welt steht in Sevilla. Der berühmte Glockenturm, die Giralda, ist ein umgebautes Minarett (Seite 36)

Alhambra in Granada

Semana Santa

Weißes Dorf Olvera

★ 7 **Reales Alcázares**
Das schönste Beispiel des andalusischen Mudéjar-Stils: der Königspalast von Sevilla und seine Gärten (Seite 38)

★ 8 **La Carbonería**
Sevillas berühmteste Bar mit Flamencoprogramm (Seite 42)

★ 9 **La Palacio Marqués de la Gomera**
Luxusnächte in der weißen Kleinstadt Osuna (Seite 44)

★ 10 **Albaicín**
Ein Gewirr von schmalen Straßen, von weißen Häusern und üppigen Gärten – Granadas maurisches Viertel (Seite 50)

★ 11 **Alhambra**
Der märchenhafte Königspalast in Granada ist das bedeutendste Erbe der Mauren (Seite 50)

★ 12 **Úbeda und Baeza**
Die beiden Kleinstädte im Nordosten Andalusiens sind Perlen der Renaissancearchitektur (Seite 60)

★ 13 **Cádiz**
Das Licht des Südens und der Geruch des Atlantiks in der ältesten Stadt Spaniens (Seite 63)

★ 14 **Ronda**
Eine romantische kleine Stadt, spektakulär auf einem 165 m hohen Felsplateau gelegen (Seite 79)

★ 15 **Die Weißen Dörfer**
Zauberhaft: Strahlend weiß sind die Häuser vieler andalusischer Dörfer gestrichen, um besser der Hitze zu widerstehen (Seite 85–87)

★ *Die Highlights sind in der Karte auf dem hinteren Umschlag eingetragen*

Entdecken Sie Andalusien!

Reise durch ein heißes Land – mit großherzigen Menschen, herber Landschaft und Schönheit gewordener Geschichte

Mittags in Aznalcázar, irgendwo in der Provinz Sevilla. Die Sonne brennt senkrecht vom Himmel. Die gekalkten Wände der zweistöckigen Häuser strahlen weiß zurück. Trotzig strecken die Geranien an den Balkons ihre rosa Blüten ins Licht. Die Rollos vor den Fenstern sind heruntergelassen, die Läden geschlossen. Die Schnurvorhänge an den Hauseingängen bewegen sich sacht. Drinnen ist das Geklapper von Geschirr zu hören, die Hausfrau stellt ihrer Familie das Essen auf den Tisch, der Fernseher plärrt dazu. Auf der Straße fast kein Laut. Nur im Schatten einer Platane ein paar Jungs, die breitbeinig und mit nacktem Oberkörper auf ihren Mopeds sitzen und zu den beiden Mädchen schielen, die sich abseits kichernd unterhalten.

Andalusien ist heiß. Im Sommer sehr heiß. Die Hitze bestimmt das Sein. Die Menschen, die sich mittags in ihre dunklen Häuser verkriechen, strömen am späten Nachmittag hinaus auf die Straße, hinaus ins Leben. Die Alten, die nicht mehr so gut zu Fuß sind, stellen einen Stuhl vor die Haustür und registrieren jede Bewegung. Nachher teilen sie ihr Wissen großzügig mit der Nachbarin. Die Männer debattieren über Fußball. Keiner lässt den anderen ausreden. Wer ihre Sprache nicht spricht, könnte meinen, dass sie ernsthaft streiten. Dazwischen toben die Kinder, und keiner käme auf die Idee, sie ins Bett zu schicken.

Die Calleja de las Flores in Córdoba hält, was ihr Name verspricht

Kräutermarkt in Granada

Die Städte sind große Dörfer mit dem Schick der Zeit. Die jungen Männer in ihren Anzügen und die Frauen im Kostüm fliehen um halb drei aus den Büros, um sich bedienen zu lassen: zu Hause von ihrer Mutter oder im Restaurant von flitzenden Kellnern. Bis fünf dürfen sie abschalten, falls nicht das Mobiltelefon klingelt. Dann noch mal bis

Geschichtstabelle

ab 2500 v. Chr. Megalithkultur

1100 v. Chr. Cádiz, die älteste Stadt Spaniens, wird von Phöniziern gegründet

206 v. Chr. Beginn der römischen Herrschaft

409 n. Chr. Westgoten und andere germanische Stämme dringen auf die Iberische Halbinsel vor

711 Tarik landet bei Gibraltar und leitet die arabische Eroberung der Iberischen Halbinsel ein

929 Abd Ar Rahman III., Emir von Córdoba, erklärt sich zum Kalifen

ab 1147 Die Almohaden werden beherrschende Macht in Al-Andalus, Hauptstadt ist Sevilla

1232 Nach der Eroberung weiter Teile der Iberischen Halbinsel durch die Christen begründet Muhammad I. das nasridische Königreich von Granada

1492 Isabella von Kastilien und Ferdinand von Aragón erobern Granada. Vertreibung der Juden, Moslems und später der Morisken (getaufte Moslems). Kolumbus landet in Amerika

1516 Karl V. ist erster Herrscher der Habsburgerdynastie in Spanien

1714 Die Bourbonen erringen den spanischen Thron. Gibraltar wird britisch

1805 Seeschlacht am Kap von Trafalgar. Nelson siegt über die französisch-spanische Flotte

1808–1814 Unabhängigkeitskrieg gegen Napoleon

1812 Die Cortes von Cádiz entwerfen erste liberale Verfassung Spaniens

1898 Spanien verliert seine letzten überseeischen Kolonien: Kuba, Puerto Rico, Philippinen

1931 Beginn der Zweiten Republik

1936 General Franco löst den Spanischen Bürgerkrieg aus. Nach seinem Sieg 1939 lässt er Zehntausende seiner Gegner umbringen und errichtet ein autoritäres Regime

1975 Franco stirbt. Der Bourbone Juan Carlos I. wird zum spanischen König ernannt. Übergang zur Demokratie

1978 Das spanische Volk stimmt für eine demokratische Verfassung

1981 Andalusien erhält Autonomiestatus mit Regionalregierung

1986 Beitritt Spaniens zur EG

1992 Expo in Sevilla

2002 Der Euro löst die Pesete als Landeswährung ab.
Die Regierung installiert an der andalusischen Küste ein elektronisches Überwachungssystem, um Flüchtlings- und Schmuggelboote schon von ferne zu entdecken

2004 Spanischer Wahlsieger: der Sozialist José Luis Rodríguez Zapatero. Wiederwahl des Sozialisten Manuel Chaves zum andalusischen Ministerpräsidenten

acht an den Schreibtisch. Und wieder, wie im Dorf, das Leben auf der Straße und in den Bars. Frauen und Männer stehen gemeinsam am Tresen, reden über die Arbeit, über Fußball, über die Familie ein wenig obenhin, selten über Politik, und lassen Olivenkerne, Zahnstocher und Papierservietten auf den Boden fallen.

»Die Familie ist das Ein und Alles«

Nie wird Andalusiern langweilig miteinander. Was die immer zu reden haben. Wer die Sprache nicht versteht, lese in ihren Mienen. Sie sind offen, direkt. Aber mit klaren Spielregeln. Denjenigen, mit dem sie sprechen, den schonen, ja verhätscheln sie: Deine neuen Schuhe sind wirklich! phantastisch!! Haben an Kosewörtern keinen Mangel: *cielo, cariño, guapo, bonito*. Und sie pflegen ein heiliges Tabu: die Familie. Über die Familie darf nur Gutes geredet werden. Die Familie ist das Ein und Alles, die Rettungsinsel im Ozean, die Oase in der Wüste. Wenn das Schicksal einen fernen Cousin aufs Krankenbett wirft, wird immer ein Familienmitglied an seiner Seite sein. Die Familie ist heilig.

Ein Phänomen. Die Liebe zum Vater, zur Mutter, zu den Geschwistern ist tief empfunden. Und lässt sich von allen Widersprüchen nicht ins Wanken bringen. Die spanische und mit ihr die andalusische Gesellschaft ist in den fast 30 Jahren seit Francos Tod eine andere geworden. Das müssen die Familien aushalten. Der Vater fordert noch immer von Frau und Kindern vor allem Respekt. Die Mutter hat nichts anderes gelernt, als den Ihren, besonders ihrem Mann, zu dienen. Die Söhne, und noch mehr die Töchter, rebellieren. Sie leben ihr Leben und wahren die Formen. Zu Hause tun sie das Unmögliche, um den Frieden zu sichern.

Noch ist der katholische Glaube allgegenwärtig. Junge Paare heiraten vor dem Altar und lassen selbstverständlich ihre Kinder taufen. Während der *Semana Santa* fällt ganz Andalusien in ein religiöses Delirium. Aber kann sein, dass der eifrige *nazareno* Mitglied der Kommunistischen Partei ist und für Gott im Allgemeinen und die Kirche im Besonderen nicht viel übrig hat. Kann aber auch sein, dass die junge Lehrerin, die während der Semana Santa lieber an den Strand fährt, heimlich das Gelübde ablegt, an der Wallfahrt von Andújar teilzunehmen, wenn sie im Sommer die Aufnahmeprüfung für den Staatsdienst besteht.

Ab und zu werden die Spanier befragt, was sie von Spaniern anderer Regionen halten. Die Andalusier

300 Sonnentage im Jahr – die Andalusier zieht's auf die Straße

kommen dabei stets besonders gut weg. Das Stereotyp geht so: großes Herz, große Klappe – gepaart mit einiger Naivität. Ein Andalusier in einer Fernsehserie ist immer ein lustiger Charakter. Allein der silbenschluckende andalusische Akzent lässt andere Spanier fröhlich lächeln. Die Andalusier lassen sich ihre Rolle als Sympathieträger der Nation gefallen. Dass sie nicht naiver sind als andere auch, beweisen sie mit Taten und werden Ministerpräsident wie einst Felipe González oder Hollywoodstar wie Antonio Banderas.

»1100 km Küste an Mittelmeer und Atlantik«

Andalusien ist heiß und meistens trocken. Das prägt die Landschaft. Wüste rund um Almería. Schroffe Felsen in der Sierra Subbética von Córdoba. Karge Vegetation in den Alpujarras. Immer haben die Menschen diesem harten Land noch etwas zum Leben abgerungen. Aber da liegen auch die liebliche Sierra de Aracena, die regenreiche Sierra de Grazalema, die kiefernbestandene Sierra de Cazorla.

Und schließlich das Meer. 1100 km Küste, zwei Drittel Mittelmeer, ein Drittel Atlantik. Die Nordeuropäer sind wie verrückt nach den Stränden der Costa del Sol. Keine Traumstrände, viele Kiesel im Sand, aber allemal besser als die Nordseeküste, schließlich scheint hier die Sonne. Die Costa de la Luz am Atlantik ist weniger überlaufen, weniger verbaut und bietet die breiteren Strände. Die Touristen zieren sich trotzdem: Das Wasser ist ein paar Grad kühler, und der Wind zerzaust die Frisur.

Der Massentourismus war das Beste, was Andalusien passieren konnte. In den 60er-Jahren fand der damalige Informations- und Tourismusminister Manuel Fraga, dass harte Deutsche Mark, Schweizer Franken und Schwedische Kronen seinem verarmten Land nicht schlecht tun würden. Bauunternehmer und Reiseveranstalter kamen, die Fischerdörfer zwischen Málaga und Estepona brutal aus ihren Jahrhunderte währenden Träumen zu rütteln. Betonmischer und blonde Schwedinnen raubten den Dörflern fortan den Schlaf. Das hatte einen doppelten Effekt: Es gab plötzlich Arbeit, und es gab was zu denken – anscheinend lebte nicht die ganze Welt in dem katholischen Muff Franco-Spaniens.

Die Tourismusindustrie kannte kein Pardon. Sie überzog die Costa del Sol mit Hotelburgen und Apartmentblocks. Nur noch im Hinterland war der Charme der andalusischen Landschaft zu finden. Jahrelang kümmerte sich kein Mensch um Ästhetik, geschweige denn um die Umwelt. Erst mit dem Beitritt zur Europäischen Gemeinschaft 1986 führte Spanien ökologische Standards ein, die Luft und Meer vom schlimmsten Dreck befreiten.

Noch immer arbeiten gut 10 Prozent der Andalusier in der Landwirtschaft oder als Fischer. Männer mit wettergegerbten Gesichtern verbringen ihre Tage am Tresen ihrer Dorfkneipe, weil sie nur ein paar Monate im Jahr Arbeit als Tagelöhner finden. Sie leben von bescheidener staatlicher Unterstützung, eingeführt von den Sozialisten, die seitdem jede Wahl in Andalusien gewinnen. Die wirklich harte Drecksarbeit in den Gewächs-

Das Weiße Dorf Casares in der Sierra Bermeja

häusern an der Costa de Almería machen Nordafrikaner und Lateinamerikaner.

Die Industrie spielt keine große Rolle in Andalusien. Die Großgrundbesitzer, denen noch immer das meiste Land gehört, brauchten sich fürs gute Leben nie groß zu strecken; die Landarbeiter waren zu arm und ungebildet, um sich selbstständig zu machen. Ihr Ausweg war die Emigration. Heute ist der Tourismus wichtigste Einnahmequelle und größter Arbeitgeber Andalusiens.

Andalusien hat sich in 25 Jahren zu einer modernen europäischen Region gewandelt, doch dabei den Zauber versunkener Zeiten bewahrt. Kelten, Iberer, Phönizier, Griechen, Karthager, Römer, Westgoten haben Spanien ihren Stempel aufgedrückt. Doch seine goldene Zeit erlebte das Land im Mittelalter, nachdem Araber im 8. Jh. von Nordafrika kommend fast die gesamte Iberische Halbinsel eroberten. Ihr neu gefundenes Paradies nannten sie Al-Andalus. Gut 500 Jahre hielten sie im Süden der Halbinsel den Anstürmen der Christen aus dem Norden stand, schließlich überlebte nur das Königreich Granada bis zum Ende des 15. Jhs.

» Im Mittelalter blühte in Al-Andalus die Kultur «

Während des finsteren Mittelalters blühte in Al-Andalus die Kultur: Wissenschaft, Philosophie, Kochkunst, Architektur. Einige Monumente rauben uns mit ihrer Schönheit noch heute den Atem: die Mezquita von Córdoba, die Giralda von Sevilla, die Alhambra von Granada. Die Christen rissen nach ihren Siegen über die Moslems die meisten Moscheen und Badehäuser nieder. Doch etwas vom Geist der Besiegten überlebte: im christlichen Mudéjar-Stil, in den Weißen Dörfern. Nach Jahrhunderten der Verleugnung lernen die Andalusier heute wieder, stolz auf ihre maurische Vergangenheit zu sein.

Von Flamenco bis Zigeuner

Andalusischer Steckbrief: Gesellschaft, Kultur und Politik

Flamenco
Ein lang gezogenes *Aaayyy* stimmt ein auf das Klagelied über die untreue Geliebte oder den gestorbenen Bruder. Nicht die Schönheit der Stimme überzeugt die Zuhörer, sondern ihre Ausdruckskraft, die emotionale Tiefe *(jondura)*. Wie in Trance sitzt der Sänger oder die Sängerin kerzengerade auf einem Holzstuhl, angefeuert von den bewundernden *¡Olés!* aus dem Publikum. Klatschende Hände, die *palmas* (d. h.: Handflächen), unterstützen mit komplizierten Rhythmen den Gesang. Rund 40 unterschiedliche Stile hat der Flamenco, von der schwermütigen *siguiriya* bis zu den populären *fandangos*.

Die Frühzeit des Flamencos beginnt in der zweiten Hälfte des 18. Jhs. in Cádiz, Jerez de la Frontera und dem Sevillaner Viertel Triana. Der Flamenco wurzelt in der Musik der Zigeuner und der andalusischen Volksmusik. Seine Hochzeit erlebt er zwischen 1860 und 1910. Schon damals erwies sich der zur Musik aufgeführte Tanz als die größte Attraktion fürs breite Publikum. Auch die Gitarrenbegleitung setzte sich durch.

Flamencotänzerin

Die meisten *flamencos* sind Zigeuner, und manche von ihnen sind überzeugt, dass ein *payo* (Nicht-Zigeuner) niemals ihre künstlerische Tiefe erreichen kann. Für Fremde ist der traditionelle Flamenco eine schwer zugängliche Kunstform. Der Flamenco, der auf den Bühnen der *tablaos* (fast immer fest in Touristenhand) präsentiert wird, beschränkt sich daher auf die fröhliche Seite der Musik und stellt besonders den Tanz heraus. Das Programm ist damit nicht grundsätzlich von minderer Qualität; die *tablaos* in Sevilla, Córdoba oder Granada bieten durchaus akzeptable Shows. Wen Sie dort allerdings niemals antreffen werden, ist der *duende* (Kobold), der geheime Magier des Flamencos, der den Funken der Emotion vom Künstler auf die Zuschauer überspringen lässt.

Guardia Civil
Das Bild des wichtigtuerischen Guardia-Civil-Polizisten unter seinem lackglänzenden Dreieckshut gehört zum Spanienklischee wie Stierkampf und Flamenco. 1844 gegründet, war die Guardia Civil zunächst eine Landpolizei, die besonders in Andalusien Großgrundbesitzer gegen Banditen und Wege-

lagerer verteidigte. Schlechten Ruf erwarb sie sich in der Franco-Zeit als Teil des allgemeinen Unterdrückungsapparates. Die demokratisch gewählten Politiker lösten die Guardia Civil nicht auf, sondern bewahrten sie als kasernierte Polizeieinheit, die unter anderem für den Anti-Terror-Kampf und die Grenzsicherung zuständig ist. Als Besucher werden Sie mit den Beamten in Grün möglicherweise auf der Autobahn zu tun bekommen: In ihrer Hand liegt die Verkehrsüberwachung auf den Fernstraßen. In kleinen Dörfern finden Sie die Wachen der Guardia Civil mit ihrem Leitspruch *»Todo por la patria«* (Alles fürs Vaterland). Nur den Lackhut bekommen Sie fast nie zu Gesicht. Der wird nur noch zu feierlichen Anlässen aus dem Schrank geholt.

Kolumbus

Nur ein Besessener konnte im 15. Jh. auf die Idee kommen, von Europa aus gen Westen in See zu stechen, um einen neuen Weg nach Osten zu finden, einen neuen Weg nach Indien. Christoph Kolumbus, den die Spanier Cristóbal Colón nennen, geboren um 1451 in Genua, war davon überzeugt, dass die Erde eine Kugel sei. Zunächst versuchte er, das portugiesische Königshaus von seinem Plan zu überzeugen, doch er fand kein Gehör. Erst die spanische Königin Isabella erlag den Überredungskünsten des Kartografen und Seefahrers und ließ Kolumbus mit drei kleinen Schiffen, Besatzungen und Proviant ausstatten. Die Abenteurer legten am 3. August 1492 vom Hafen des andalusischen Städtchens Palos de la Frontera in der heutigen Provinz Huelva ab und erblickten am 12. Oktober erstmals Land: Sie hatten, ohne es zu ahnen, Amerika entdeckt. Das war der Grundstein für den Aufschwung Spaniens zur führenden Weltmacht des 16. Jhs.

Lepe

Das Erdbeerdorf Lepe in der Provinz Huelva trägt das Schicksal, spanisches Ostfriesland zu sein. »In Lepe: ›Ambrosio, dein Reifen ist platt.‹ ›Ich weiß. Macht nichts.‹ ›Wie, macht nichts?‹ ›Ja siehst du nicht, dass die Luft nur unten raus ist?‹« Kein Mensch weiß, womit sich Lepe solche Witze verdient hat. Aber jeder Spanier schmunzelt, wenn er nur den Namen hört.

Lorca

Federico García Lorca (1898 bis 1936) ist der größte spanische Poet und Theaterdichter (»Bluthochzeit«) des 20. Jhs. Als Student in Madrid freundete er sich mit Salvador Dalí und Luis Buñuel an, blieb aber immer seiner andalusischen Heimat verbunden. Geboren in Fuente Vaqueros bei Granada, wurde er kurz nach Beginn des Spanischen Bürgerkriegs 1936 von Mitgliedern der francotreuen Falange erschossen. Wichtiger Grund ihres Hasses war Lorcas Homosexualität.

Migration

Hunderttausende von Andalusiern zogen in den 1960er- und frühen 70er-Jahren fort aus ihrer Heimat: auf der Suche nach einem besseren Leben im Norden Spaniens oder in der Schweiz, Deutschland, Frankreich. Seit mit der Demokratie eine gewisse soziale Sicherheit in Spanien eingezogen ist, zwingt die Not niemanden mehr zum Auswandern – trotz hoher Arbeitslosigkeit und

Lorcas Geburtshaus in Fuente Vaqueros in der Nähe von Granada

relativ niedrigen Pro-Kopf-Einkommens. Die meisten Europa-Emigranten sind einer nach dem anderen in ihre Dörfer zurückgekehrt.

Auf einmal ist Andalusien selbst gelobtes Land für Immigranten, Afrikas Tor zu Europa. Jedes Jahr landen an den Stränden der Straße von Gibraltar mehr *pateras,* leichte Boote, voll besetzt mit jungen Männern und einigen Frauen, die versuchen, ohne Papiere in Spanien zu überleben. Ihnen wird Arbeit angeboten, die den Einheimischen zu hart und zu schlecht bezahlt ist. Unter den Plastikplanen der Obst- und Gemüseplantagen an der Costa de Almería schwitzen Zehntausende von Ausländern – aus Marokko, Schwarzafrika, Lateinamerika.

Picasso

Pablo Ruiz Picasso (1881–1973), das Malgenie des 20. Jhs., stammt aus Málaga, verbrachte dort aber nur wenige Jahre seiner Kindheit. In der Hauptstadt der Costa del Sol sind sein Geburtshaus und seit Ende 2003 auch ein Museum mit einigen beeindruckenden Werken zu besichtigen.

Stierkampf

Die *corrida* beginnt pünktlich zur angesetzten Zeit am späten Nachmittag. Drei Matadore werden sich im Laufe des Abends jeweils zwei Stieren entgegenstellen und sie am Ende mit einem Degenstoß zwischen die Schulterblätter erstechen. Eine *corrida* ist kein Kampf, sondern ritualisiertes Töten. Nach einer glücklichen Jugend auf endlosen Weiden wird der Stier *(toro)* in das Rund der Arena entlassen, ohne je für diesen Moment trainiert worden zu sein. Seine Ahnungslosigkeit und unbedachte Kampfeslust machen ihn zum attraktiven Opfer.

Der Matador und seine Helfer, die *cuadrilla,* reizen das Tier mit ihren *capas* in schreiendem Gelb und Rosa. Für die Farben ist der Stier blind; was ihn in Wallung bringt, sind die Bewegungen. Leicht ermüdet von seinen vergeblichen Stößen in die Tücher, wartet die nächste Prüfung auf ihn. Der *picador* reitet herein, eine Lanze in der Hand, die er dem wütenden Stier in den Nacken bohrt, bis das Blut dunkel sein glänzendes Fell hinabläuft. Das Pferd ist gegen die Stöße des Stiers mit einem dick gepolsterten Umhang geschützt, das rechte Bein des *picador* mit einer Metallschiene.

Verletzt und geschwächt erduldet der *toro* die nächste Attacke. Zwei aus der *cuadrilla* des Matadors jagen dem Tier paarweise insgesamt sechs *banderillas* in den Nacken, bunt geschmückte Holzstäbe mit Stahlwiderhaken, die ihm während dem Rest des Kampfes bei jeder Bewegung Schmerz bereiten werden. Der letzte Akt beginnt. Der Matador (von *matar* = töten) stellt sich dem Stier allein entgegen, bewaffnet mit Degen und *muleta,* dem roten Tuch. Damit lockt er das Tier und dirigiert es, wenn er ein guter Torero ist, fast nach Belieben.

Die Kunst des Matadors besteht darin, die lebensgefährlichen Hörner so nah wie möglich an sich vorbeizuführen und dabei in jedem Moment eine gute Figur zu machen. Schließlich stellt er sich vor den Stier und sticht zu. Im besten Fall steht das Tier noch einen Moment wie verwundert still da, um dann tot zusammenzubrechen. 20 Minuten hat sein Auftritt in der Arena gedauert.

Den spanischen Gegnern der *corrida* geht es gehörig auf die Nerven, dass Ausländer beim Stichwort Spanien sofort an Stierkampf denken. Allerdings hat sich unter ihnen nie eine schlagkräftige Opposition gegen das Stieretöten formiert. Auf politischer Ebene wird höchstens einmal lustlos diskutiert, ob Minderjährige aus den Arenen ausgeschlossen werden sollten.

Toro de Osborne

Schon von Ferne fällt Autofahrern auf den spanischen Landstraßen die Silhouette eines Stiers auf. Die 12

Carmen & Co.

Gegensätze ziehen sich an

Zwei Franzosen sind schuld am schönsten Andalusienklischee: dem der feurigen Zigeunerin Carmen aus der Sevillaner Tabakfabrik, von Prosper Mérimée 1845 in die Welt gesetzt und von Georges Bizet 1875 in seiner Oper verewigt. Besuchern aus dem Norden fällt das selbstbewusste, natürlich-elegante Auftreten andalusischer Frauen auf. Andalusiern würde es nie einfallen, in ihrer äußeren Erscheinung die klar markierten Geschlechterrollen aufzugeben – zu reizvoll ist das Spiel zwischen betont Weiblichem und betont Männlichem. Der Kampf um eine gerechte Aufgabenverteilung zwischen den Geschlechtern ist dagegen in vollem Gange. Noch ist der Machismo tief in den Männern verwurzelt. In vielen Frauen auch.

Der andalusische Osborne-Stier wurde Wahrzeichen ganz Spaniens

m hohe Figur macht seit 1957 Werbung für den Sherry- und Brandyproduzenten Osborne aus El Puerto de Santa María. Doch der kuriose Reklamestier ist schon lange mehr als das: Symbol Spaniens schlechthin. Als 1989 ein Gesetz in Kraft trat, das Werbung an den Landstraßen verbot, entfernte Osborne zwar seinen Schriftzug, aber nicht den Stier. Dafür bekam das Unternehmen 1994 ein Bußgeld aufgebrummt. Doch alles wurde gut. Nach dem erschrockenen Protest Tausender Spanier erklärte das Parlament, der Stier sei Teil des kulturellen und künstlerischen Erbes des Landes und dürfe deswegen stehen bleiben. Die andalusische Regionalregierung erklärte die 21 andalusischen Osborne-Stiere gar zum historischen Denkmal.

Velázquez

Der in Sevilla geborene Diego Rodríguez de Silva y Velázquez (1599–1660) gilt manchen als der größte Maler aller Zeiten. Sein berühmtestes Werk, »Las Meninas«, hängt im Madrider Prado. Bedeutende Sevillaner Zeitgenossen sind Francisco de Zurbarán (1598 bis 1664), Bartolomé Esteban Murillo (1618–1682) und Juan de Valdés Leal (1622–1690).

Zigeuner

Kein spanisches Register führt die Menschen nach ihrer Rassenzugehörigkeit. Über die Zahl der *gitanos* im Land kann also nur spekuliert werden: Die zuverlässigsten Schätzungen kommen auf 600 000 bis 650 000, also rund 1,5 Prozent der spanischen Bevölkerung. In Andalusien, wo die ersten Zigeuner im 15. Jh. landeten und sesshaft wurden, leben besonders viele. Doch sie sind ein Volk im Volke geblieben. Nicht Integration ist ihr Ziel, sondern das Bewahren der kulturellen Eigenständigkeit.

Gitanos und *payos* (Nicht-Zigeuner) leben Rücken an Rücken, ohne Verständnis für die Lebensweise des anderen. Die Umfragen sagen, dass die Spanier niemanden so heftig ablehnen wie die Zigeuner, ihre fremden Landsleute. Die Zuneigung der *gitanos* für die *payos* dürfte kaum stärker sein. Doch die andalusischen Zigeuner haben ihren Teil zur spanischen Kultur beigesteuert: den Flamenco, den sie mit den Nicht-Zigeunern teilen. Ein Berührungspunkt immerhin.

Noch immer ist die Kindersterblichkeit bei den *gitanos* besonders hoch, ihre Lebenserwartung besonders niedrig, ihr Aufenthalt in Schulen besonders kurz. Seit 1999 existiert *Kamira,* der Verband der spanischen Zigeunerfrauen. Ihr Ziel: »Berufliche Qualifikation und soziale Teilhabe verbessern, ohne die Traditionen der Zigeunerkultur zu verlieren«. Eine Herausforderung für die gesamte Gesellschaft.

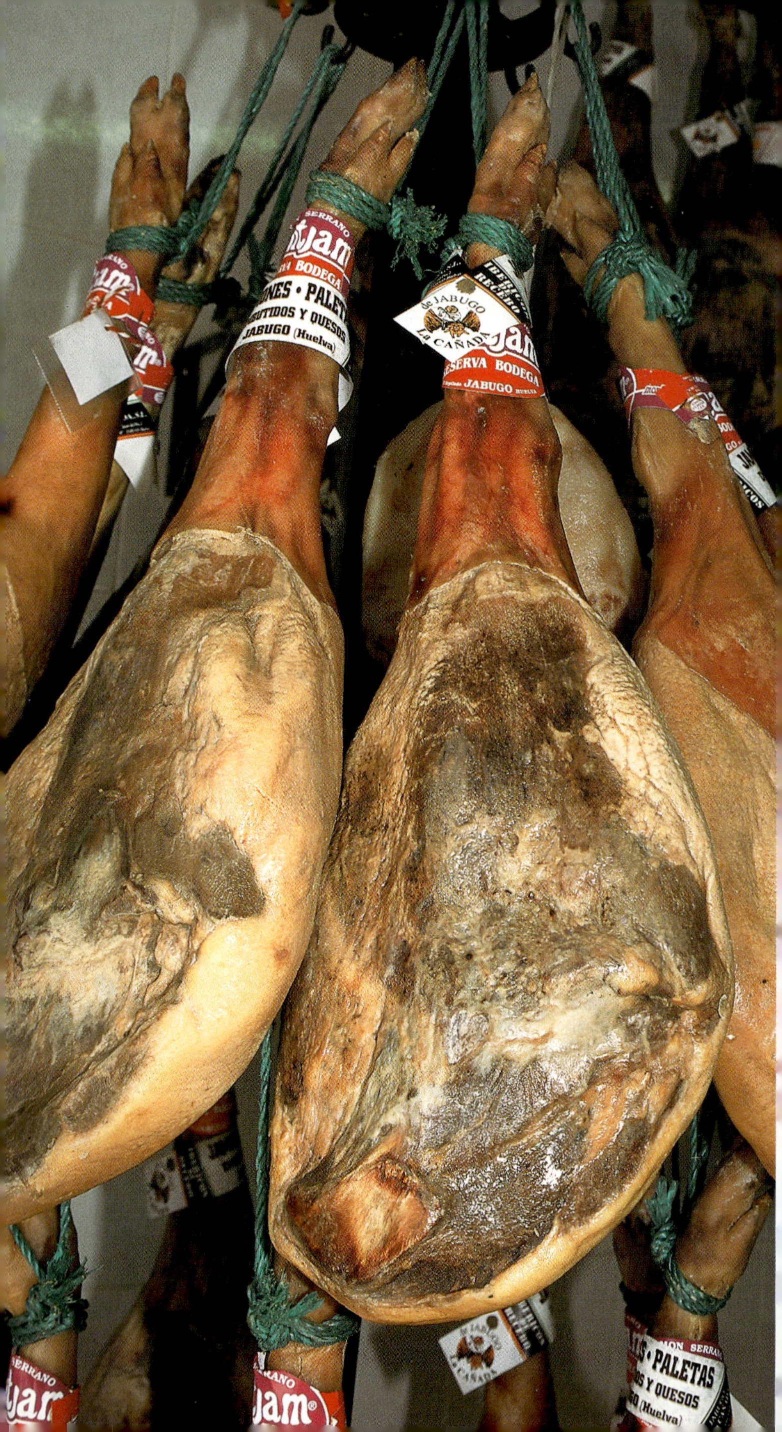
SERRANO
ERVA BODEGA
BUTIDOS Y QUESOS
JABUGO (Huelva)
de JABUGO
LA CAÑADA
ESERVA BODEGA
JABUGO
PALETAS
(Huelva)

Tapas und Olivenöl

Die andalusische Küche bietet keine verfeinerte Kochkunst – doch ihre »mediterrane Diät« verspricht ein langes Leben

Der Tag beginnt grausam für einen andalusischen Magen. Schwarzer, wirklich schwarzer Kaffee ergießt sich in sein nüchternes Inneres, im besten Falle begleitet von einem *bollo,* einem süßen Gebäckstück, vielleicht aber auch nur von zwei Keksen. Und ziemlich sicher erdulden die Lungen dazu den Rauch der ersten Zigarette. Das Frühstück muss in einer anderen Weltgegend erfunden worden sein.

Die gute Nachricht: Spanischer Kaffee, zubereitet nach Art des italienischen Espressos, gilt Liebhabern als der beste Europas. Glücklicherweise gibt es in jeder Cafeteria auch frisch gepressten Orangensaft *(zumo de naranja natural).* Zum klassischen Frühstücksangebot gehören außerdem die *tostada* (kleines getoastetes Weißbrot, mit Olivenöl oder mit Butter und Marmelade) oder das *cruasán* (das spanische Stiefkind des Croissants).

Gegen 11 Uhr vormittags verlassen die Andalusier ihre Büros fürs zweite Frühstück. Das ähnelt dem ersten, doch mancher bestellt auch schon ein kleines Bier und nimmt dazu eine *tapa,* eine Kleinigkeit. In vielen andalusischen Bars – Mischung aus Kneipe und Cafeteria – gibt's eine Tapa gratis zu jedem alkoholischen Getränk. Wenn Sie mehr bestellen wollen, zeigen Sie einfach auf das Angebot unter der Glasvitrine auf dem Tresen und bitten um *»una tapa de esto«* – eine Tapa von dem hier.

Was die Bars und Restaurants als Tapas *(tapa* bezeichnet die Menge, nicht die Art des Essens) im Angebot haben, können Sie auch als *ración* (Portion) für mehrere Personen bestellen. Wenn Sie allein unterwegs sind, reicht eine halbe Portion *(media ración)* zum Sattwerden. Wer beim Plantschen im Meer Hunger bekommt, geht zum nächsten *chiringuito,* einem Strandimbiss mit Tapas und *raciones.*

Zeit zum Mittagessen ist zwischen 14 und 16.30 Uhr. Überall in Andalusien bieten Restaurants Mittagsmenüs *(menú del día)* für 7 bis 10 Euro an, manchmal noch billiger. Dafür haben Sie die Wahl zwischen meist drei verschiedenen Vorspeisen *(primero)* und drei Hauptgerichten *(segundo);* Nachtisch und ein einfacher Wein sind im Preis inbegriffen. Je mehr Einheimische an

Schinken aus Jabugo in der Sierra de Aracena – der beste Spaniens

Andalusische Spezialitäten

Lassen Sie sich diese Köstlichkeiten gut schmecken!

Comidas (Speisen)

ajoblanco – kalte Knoblauchsuppe, angereichert mit Rosinen und Mandelsplittern

albóndigas – Hackfleischbällchen (Tapa)

boquerones fritos/en vinagre – frittierte oder eingelegte Sardellen (Tapa)

cangrejo – Krebs (Tapa)

champiñones – Champignons (Tapa)

chorizo – Paprikasalami

churros – frittierte Teigkringel (zum Frühstück, besonders beliebt *con chocolate,* mit Schokolade)

croquetas – Fisch-, Fleisch- oder Schinkenkroketten (Tapa)

ensaladilla rusa – spanischer Kartoffelsalat (Tapa)

gambas al ajillo – Garnelen in Knoblauchsoße (Tapa)

gazpacho – kalte Gemüsesuppe aus pürierten Tomaten, Gurken, Paprika, eingeweichtem Weißbrot, Öl, Essig und Eisstücken. Garniert wird sie mit Tomaten-, Gurken-, Zwiebel- und getoasteten Brotstückchen (Vorspeise)

jamón – luftgetrockneter Serrano-Schinken. Der beste Schinken Spaniens kommt aus Jabugo in der Sierra de Aracena; auch der Schinken aus Trevélez in den Alpujarras ist berühmt

mejillones – Miesmuscheln (Tapa)

pimientos – Paprikaschoten (Tapa)

pulpo/calamares/chipirones – Krake/Tintenfisch (Tapa)

queso – Käse, meistens *manchego* – aus der Mancha (als Tapa oder zum Frühstück)

salmorejo – ähnlich wie Gazpacho, aber sämiger, mit mehr Brot und ohne Eis (als Tapa mit Brot)

tortilla – spanisches Omelett, meist mit Kartoffeln. Als Tapa bestellen Sie *un pincho de tortilla,* ein Stück Tortilla

Bebidas (Getränke)

café solo/cortado/con leche – Espresso/Espresso mit einem Schuss Milch/Milchkaffee

clara – Bier mit *gaseosa* (ähnlich einem Alster oder Radler)

gaseosa – süße Brause

horchata – herbes Erfrischungsgetränk aus Erdmandeln

den Tischen sitzen, umso vertrauenswürdiger ist der Laden.

Gewöhnliche Hauptgerichte kommen in Andalusien ohne große Beilagen auf den Tisch – Fleisch ist Fleisch, und Fisch ist Fisch. Ein wenig Salat, hausgemachte Pommes frites, das war's. Ihre besondere Note erhalten die Speisen durchs Olivenöl, das einzige Öl, das Spaniern in die Pfanne kommt. Olivenöl und viel Fisch und Meeresfrüchte, das sind die Zutaten der »mediterranen Diät«, die Ernährungswissenschaftler für die Langlebigkeit der Spanier verantwortlich machen. Dabei stellen sie besorgt fest, dass sich die Essgewohnheiten der Jugendlichen zu wandeln beginnen, Pizza und Hamburger werden immer beliebter.

Andalusien, vor allem die Provinz Jaén, ist die bedeutendste Olivenanbauregion der Welt. Olivenbäume ziehen sich in Reih und Glied übers Land wie endlose Heeresverbände. Franz Fischler, der EU-Agrarkommissar, gab sich einst dem Spott der Andalusier preis, als er eine Olive vom Baum pflückte und hineinbiss – die Frucht ist erst genießbar, wenn sie mehrere Wochen in Salzwasser gelegen hat.

Zum Abendessen setzen sich die Andalusier frühestens um 21 Uhr an den Tisch, normalerweise jedoch später. Es kann Ihnen in Sevilla passieren, dass Sie am Wochenende um zehn Uhr abends ein Restaurant betreten und eine Stunde lang der einzige Gast sind, bis sich der Laden schlagartig füllt.

Das bekannteste (und viel genossene) Getränk Andalusiens ist der Sherry *(jerez)*, ein kräftiger Wein von den kalkhaltigen Böden um Jerez, Puerto de Santa María

Kellermeister in Jerez

und Sanlúcar de Barrameda. In den oberirdischen Bodegas liegen die Weinfässer in drei oder vier Reihen übereinander gestapelt; oben der jüngste, unten der älteste Wein. Der zum Konsum bestimmte Sherry wird stets aus der untersten Reihe genommen. Aufgefüllt werden die Fässer danach mit Wein aus der darüber liegenden Reihe, der sich mit dem verbleibenden älteren Wein mischt. Das geht so weiter bis zu den ganz oben lagernden Fässern, denen schließlich frischer Wein zugegeben wird. Dieses System sorgt für den gleichbleibenden Geschmack des *jerez;* Jahrgangssherrys gibt es nicht. Die bekanntesten Sorten sind der trockene *fino* und der aus Sanlúcar de Barrameda stammende, ebenfalls trockene *manzanilla.* Lieblicher schmecken *amontillado, oloroso* und *cream.*

ZARA

Keramik, Kacheln, Silberarbeiten

Kunsthandwerk hat goldenen Boden in Andalusien

Wer ein Stück Andalusien mit nach Hause nehmen will, findet reichlich handgefertigte Andenken. Vor allem Keramik. Schlichte Formen mit verspielten Mustern, meist stilisierte Pflanzenmotive, mit grobem Strich blau, gelb, grün hingemalt. Auf den ersten Blick ein wenig rustikal, kitschig, auf den zweiten zum Verlieben. Nicht nur schön, sondern dazu noch praktisch: *cuencos*, Schüsseln und Schalen. Beliebt sind die *azulejos,* die meist maurisch inspirierten Kacheln. Wenn Sie etwas gefunden haben, das Ihnen gefällt, kaufen Sie's. Woanders ist es nämlich nicht billiger.

Wer es etwas edler mag, findet in Córdoba feine Silberarbeiten, vieles für die Vitrine. Gehen Sie zum Juwelier *(joyería),* dort bekommen Sie sicher echte Ware. Noch eine Cordobeser Spezialität: Schmuckleder, kunstvoll mit Silberfarben bemalt. Granada ist dagegen für Intarsienarbeiten bekannt, vom Allzweckkästchen bis zum Schachbrett. Weniger exklusiv, aber mit höherem Nutzwert: die Decken aus Grazalema und die eigenwilligen *jarapas* (Flickenteppiche) aus Frigiliana oder den Alpujarras. Gute Lederwaren erhalten Sie in Ubrique (Sierra de Grazalema), beste Reitstiefel in Valverde del Camino (Provinz Huelva).

Zara hat stets den letzten Schrei der spanischen Mode auf Lager

Schuhe und Kleidung sind in Andalusien um einiges billiger zu haben als bei Ihnen zu Hause. Schauen Sie bei den populären Klamottenläden von Zara oder Mango vorbei, die Sie in größeren Städten finden. Die berühmtesten andalusischen Modeschöpfer heißen Victorio & Lucchino, ihr Geschäft liegt in der Calle Sierpes von Sevilla.

Andalusische Erinnerungen für Gaumen und Magen: Olivenöl (unbedingt *virgen extra,* am besten mit *denominación de origen),* Schinken aus Jabugo, Sherry aus Jerez, El Puerto de Santa María oder Sanlúcar de Barrameda. Wenn Sie etwas Bestimmtes suchen und nicht wissen, wo es wohl zu finden ist, gehen Sie zum Corte Inglés. Die einzige spanische Kaufhauskette ist etwas teurer, dafür aber gut sortiert.

Die Geschäfte dürfen montags bis samstags je zwölf Stunden öffnen, außerdem an acht Sonntagen im Jahr. Die meisten Läden sind allerdings nur von 10 bis 13.30 und 17 bis 20.30 Uhr geöffnet.

Feste, Events und mehr

Religiöse oder weltliche Feste – die Andalusier feiern vor allem sich selbst

Die berühmtesten Feste Andalusiens sind religiöse Feste. Wer die Semana Santa oder den frühen Pfingstmontagmorgen in El Rocío

Karneval in Cádiz

erlebt hat, der kann nicht anders, als von der tiefen Frömmigkeit der Andalusier überzeugt zu sein. Doch niemand schaut den Menschen in die Seele, um spontane Ergriffenheit von echter Religiosität zu unterscheiden. Mehr als die Jungfrau Maria oder den Sohn Gottes feiern die Andalusier das Leben. Jedes Fest ist eine Gelegenheit, die feinsten Sachen aus dem Schrank zu holen, die Frisur besonders sorgfältig zu ordnen (oder mit Gel in Form zu legen) und die Schuhe ordentlich blank zu wienern. Bei einer Reise durch Andalusien haben Sie alle Chancen, ganz ungeplant in dieses oder jenes Fest hineinzugeraten.

Feiertage

1. Jan. *Año Nuevo* (Neujahr); **6. Jan.** *Reyes* (Hl. Drei Könige); **28. Feb.** *Día de Andalucía* (Andalusientag); *Jueves Santo* (Gründonnerstag); *Viernes Santo* (Karfreitag); **1. Mai** *Día del Trabajo* (Tag der Arbeit); **15. Aug.** *Asunción* (Mariä Himmelfahrt); **12. Okt.** *Día de la Hispanidad* (Kolumbus' Landung in Amerika); **1. Nov.** *Todos los Santos* (Allerheiligen); **6. Dez.** *Día de la Constitución* (Tag der Verfassung); **8. Dez.** *Inmaculada Concepción* (Mariä Empfängnis); **25. Dez.** *Navidad* (Weihnachten)

Feste

Februar

Der *Karneval von Cádiz* ist der ausgelassenste auf dem spanischen Festland. *www.carnavaldecadiz.com*

Ende Februar/Anfang März

Insider Tipp *Festival de Jerez:* zweiwöchiges Flamencofestival mit den bedeutendsten Künstlern. *www.festivaldejerez.com*

März/April

★ Die *Semana Santa* (Karwoche) wird in ganz Andalusien mit großartigen Prozessionen gefeiert. Die berühmteste und prächtigste ist die von Sevilla. Aber auch Granada, Córdoba, Málaga oder Jaén lohnen den Besuch. Höhepunkt der Woche: die Nacht vom Gründonnerstag auf Karfreitag. Buchen Sie weit im Voraus!

★ *Feria de Abril:* Der einwöchige Sevillaner »Aprilmarkt« acht Tage nach Ostern ist das größte Volksfest Andalusiens. Die Straßen füllen sich mit Kutschen, eleganten Reitern und Frauen im Bilderbuchkostüm.

Ende April/Anfang Mai

Festival de Cine Español de Málaga: das große Festival des spanischen Films. *www.festcinemalaga.com*

Mitte Mai

Feria del Caballo: Der Pferdemarkt von Jerez ist zugleich das größte Volksfest der Stadt.

Insider Tipp *Festival de los Patios Cordobeses:* Wettbewerb um den schönsten Patio Córdobas.

Pfingsten

★ *Wallfahrt nach El Rocío:* Hunderttausende pilgern u. a. mit Pferden oder Ochsengespannen nach El Rocío zur Jungfrau vom Morgentau.

Ende Juni/Anfang Juli

★ *Festival Internacional de Música y Danza de Granada:* das bedeutendste spanische Festival für klassische bis zeitgenössische Musik und Ballett in historischen Winkeln Granadas. *www.granadafestival.org*

Juli

Festival de la Cueva: Ballett, Oper, Konzerte Ende Juli in der Tropfsteinhöhle von Nerja. *Tel. 952 52 95 20*

August

Carreras de Caballo de Sanlúcar de Barrameda: Pferderennen auf dem sandigen Uferstreifen des Guadalquivir. *www.carrerassanlucar.com*

Anfang September

Feria de Pedro Romero: Stierkampffest in Ronda u. a. mit einer Corrida Goyesca – Stierkampf wie zu Goyas Zeiten.

November

Festival de Jazz de Granada: eines der bedeutenden europäischen Jazzfestivals. *www.jazzgranada.net*

Feria del Caballo

PROVERB.18

Strahlende Städte und kühle Berge

Sevilla und Córdoba vereinen die Pracht der Vergangenheit mit der Lebensfreude der Gegenwart. Und die Natur ist nicht weit

Der Guadalquivir, die Lebensader Andalusiens, durchzieht den Westen Andalusiens: vorbei an Córdoba, der alten Kalifenhauptstadt, und Sevilla, dem pulsierenden Herzen Andalusiens – bis sich der Fluss beim Nationalpark Doñana in den Atlantik ergießt. Córdoba lockt mit seiner mehr als 1000 Jahre alten Mezquita. Sevilla, die andalusische Hauptstadt, eine der schönsten Städte dieser Welt, will nicht nur besichtigt, sondern erlebt werden: Wenn Sie die Herrlichkeiten der Reales Alcázares und der Kathedrale in sich aufgenommen haben, lassen Sie sich durchs Sevillaner Nachtleben treiben. Und falls Sie des Trubels müde geworden sind: In der Nachbarprovinz Huelva warten die weiten Strände der westlichen Costa de la Luz, Doñana und vor allem die wenig entdeckte Sierra de Aracena.

ARACENA

[117 D2] Wie einen Regenschauer nach einem heißen Sommertag, so werden Sie den Duft des Waldes

Die Giralda von Sevilla

Weiße Häuser schützen gegen Hitze

und sein kühles Grün genießen, wenn Sie im Schatten von Kastanien und Olivenbäumen, von Kork- und Steineichen einen Wiesenrand entlangwandern, unterwegs von einem halb vergessenen Dorf zum nächsten. In den bewaldeten Bergen des Naturparks ★ *Sierra de Aracena y Picos de Aroche (www.sierradearacena.org)* am westlichen Ende der Sierra Morena suchen seit langem die Sevillaner für ein paar Tage Erholung von der überhitzten Großstadt. Nun beginnen auch andere Besucher, diese liebliche Naturlandschaft in einem vergessenen Winkel Andalusiens zu entdecken. Das 6800-Einwohner-Städtchen Aracena ist der geografische und touristische Mittelpunkt des Naturparks. Ein Urlaubsort, der zum längeren Bleiben verführt, vielleicht allein, um die Abende in den Bars der Gran Vía und der Plaza Marqués de Aracena zu genießen. Auf dem Gipfel des Stadtbergs wacht die Ruine einer portugiesischen Burg Mauer an Mauer mit der gotischen Kirche Nuestra Señora del Mayor Dolor über das Leben zu ihren Füßen.

SEHENSWERTES

Gruta de las Maravillas
Im Inneren des Stadtbergs ist der größte Schatz des Ortes verborgen: die Höhle der Wunder, eine mehr als 2 km lange, unbedingt sehenswerte Tropfsteinhöhle. *Tgl. 10 bis 13.30 und 15–18 Uhr für max. 1000 Besucher pro Tag, Zugang von der C/Pozo de la Nieve, Eintritt 7,70 Euro*

ESSEN & TRINKEN

La Despensa de José Vicente
Bestes Restaurant am Ort, mit eigenem Feinkostladen. *Tgl. 13–16.30 und 21–23 Uhr (abends nur mit Reservierung), Avda. Andalucía, 53, Tel. 959 12 84 55,* **€€€**

Montecruz
Tapas und Wild aus den Wäldern der Gegend. *Do–Di 13–17 und 20–23 Uhr, Plaza San Pedro, Tel. 959 12 60 13,* **€–€€**

ÜBERNACHTEN

Finca Valbono
Dreisternehotel in einem liebevoll restaurierten *cortijo* (Landgut) vor den Toren Aracenas. *6 Zi., 20 Apt., Ctra. Carboneras, km 1, Tel. 959 12 76 18, Fax 959 12 76 79,* **€€**

Sierra de Aracena
Zentral gelegenes Traditionshotel mit gemütlichem Kaminraum. *43 Zi., Gran Vía, 21, Tel. 959 12 61 75, Fax 959 12 62 18,* **€€**

AUSKUNFT

Oficina de Turismo am Eingang zur Gruta de las Maravillas *(tgl. 10–14 und 16–18.30 Uhr, 959 12 82 06).* Informationen über den Naturpark im *Centro de Interpretación del Parque Natural (April–Okt. tgl. 10 bis 14 und 18–20 Uhr, Nov.–März tgl. 10–14 und 16–18 Uhr, Plaza Alta, auf hal-bem Weg hinauf zur Festung, Tel. 959 12 88 25).*

ZIELE IN DER UMGEBUNG

Almonaster la Real **[116 C2]** Insider Tipp
Bezauberndster Ort der Sierra (2400 Ew., 27 km westlich von Aracena). Auf einer Anhöhe, hinter einem unverschlossenen Tor, thronen seine Festung und Moschee aus dem 10. Jh., errichtet auf den Fundamenten eines westgotischen Klosters. Vom Minarett genießen Sie eine unvergleichliche Aussicht, auch auf die Stierkampfarena (19. Jh.), die neben der Festung am Hang klebt wie ein viel zu großes Schwalbennest. Übernachten können Sie im *Hostal La Cruz (6 Zi., Plaza del Llano, 8, Tel. 959 14 31 35,* **€***)* mit Restaurant – es wird auch Deutsch gesprochen.

Nicht weit entfernt liegt *Jabugo,* das in ganz Spanien für seinen Schinken berühmt ist. Die Schweine leben in ihren letzten Monaten von nichts als den Eicheln der Steineichen. Doch der Schinken ist besser als sein Herkunftsort, ein Besuch muss nicht sein.

Fuenteheridos und Alájar [116 C2]

11 km westlich von Aracena liegt in Kastanien- und Eichenwäldern das 700-Seelen-Dorf Fuenteheridos, dessen Gassen Autofahrer zur Verzweiflung bringen können. Ein Brunnen mit zwölf Hähnen auf dem Hauptplatz *El Coso* erinnert an den Wasserreichtum des Ortes. Hier bittet auch das urige *Mesón La Posá (Di–So 9.30–16 und 19–24 Uhr, Plaza del Coso, 10, Mobiltel. 686 14 12 24, €–€€)* mit andalusischer Küche zu Tisch. Nicht weit liegt das familiäre *Hostal Carballo (6 Zi., C/La Fuente, 16, Tel. und Fax 959 12 51 08, €)*.

Alájar (800 Ew., 5 km südlich von Fuenteheridos) lädt dazu ein, einen Kaffee im Schatten der Kirche San Marcos zu trinken. Hier gibt es eines der gemütlichsten Hotels der Gegend: *La Posada (8 Zi., C/Médico Emilio González, 2, Tel. und Fax 959 12 57 12, €€)* mit Restaurant.

Linares de la Sierra [116 C2]

Inside Tipp

Einer der ordentlich ausgeschilderten Wanderwege führt von Aracena ins 6 km entfernte Linares. Ein verschlafenes Dorf, das sich seiner Reize – wie des öffentlichen Waschplatzes *(El Lavadero)* und der *Plaza Pareja-Obregón,* die auch als Stierkampfarena taugt – noch nicht recht bewusst ist.

Zufre [117 D2]

Der 1300-Einwohner-Ort 27 km östlich von Aracena erinnert an die Weißen Dörfer bei Ronda. Am schönsten ist die *Plaza de la Iglesia* mit der Kirche Purísima Concepción, dem Renaissancerathaus und einem kuriosen Wasserspeier (16. Jh.).

Marco Polo Highlights »Der Westen«

★ **Reales Alcázares**
Ein christlicher Fürst ließ in Sevilla maurische Pracht entstehen (Seite 38)

★ **Sierra de Aracena**
Liebliche Berge, dichte Wälder, beschauliche Dörfer (Seite 27)

★ **La Palacio Marqués de la Gomera**
Ein Traum von Hotel in einem Barockpalast (Seite 44)

★ **Mezquita**
Ein Zauberwald aus Säulen in Córdoba (Seite 31)

★ **Barrio Santa Cruz**
Das alte Judenviertel Sevillas (Seite 36)

★ **Kathedrale**
Sevilla: eine Kirche, bewacht von einem alten Minarett, der Giralda (Seite 36)

★ **Alfonso XIII**
Das Hotel ist eine Hommage an die maurischen Paläste des 14. Jhs. (Seite 41)

★ **La Carbonería**
Flamenco live bis weit nach Mitternacht in Sevilla (Seite 42)

CÓRDOBA

Karte in der hinteren Umschlagklappe

[119 E4] In der Calle Judíos stauen sich die Fußgänger. Eine Gruppe 40 gelb bemützter Touristen versperrt die Gasse. Sie folgen eilfertig dem Wink ihres Führers, der seinen Schäflein den Weg in die Synagoge weist. Zwei Minuten, dann ist der Weg wieder frei.

Córdoba (320 000 Ew.) ist populär. Besucher aus aller Welt drängeln sich in den herausgeputzten Gassen der Judería rund um die Mezquita. Doch nur ein paar Schritte von der tausendjährigen Moschee entfernt ist der Touristenrummel vorbei. Setzen Sie sich in eine der Bars der Plaza Trinidad zu Füßen der Kirche mit dem gleichen Namen, und schauen Sie den Cordobesen bei ihren immer lautstarken Unterhaltungen zu. Verlieren Sie sich anschließend in den Straßen der Innenstadt, die Sie nie dort hinführen, wo Sie eigentlich landen wollten, dafür jedoch mit unerwarteten Entdeckungen belohnen.

Die Mezquita aber ist ganz allein schon den Besuch der Stadt wert. Sie ist das Vermächtnis der Araber, die Córdoba um die erste Jahrtausendwende zu einer der bedeutendsten Städte der damaligen Welt erblühen ließen. Ein Abglanz ihres Lichts fällt noch heute auf jeden Besucher Córdobas.

SEHENSWERTES

Alcázar de los Reyes Cristianos

Alfons XI. ließ im 14. Jh. den Palast der Christlichen Könige bauen, nachdem Ferdinand der Heilige 1236 fünf Jahrhunderte arabischer Herrschaft in Córdoba beendet hatte. Ungewöhnlich für einen christlichen Palast jener Zeit sind die *Baños Reales* (Königliche Bäder), eingerichtet nach maurischem Vorbild. Der *Torre de la Inquisición* erinnert an die dunkle Geschichte des Palastes, der von 1482 bis 1821 als Sitz der Inquisition in Córdoba diente. Zu besichtigen sind heute auch Funde aus römischer Zeit wie Mosaiken und ein Sarkophag. Am Ende des Rundgangs durch den Alcázar lädt ein schön angelegter Garten zum Bummeln und Entspannen ein. *Mai, Juni, Sept.–Mitte Okt. Di bis Sa 10–14 und 17.30–19.30 Uhr, Juli, Aug. Di–Sa 8.30–14.30 Uhr, Mitte Okt.–April Di–Sa 10–14 und 16.30–18.30 Uhr, So ganzjährig 9.30–14.30 Uhr, Eintritt 2 Euro*

Judería

Zur Zeit des Kalifats Mitte des 10. Jhs. zogen viele Juden nach Córdoba in die Straßen rund um die Mezquita. Die Zeit religiöser Toleranz endete im 14. Jh. unter christlicher Herrschaft; 1391 fanden die schlimmsten Pogrome statt, unter den Katholischen Königen wurden 1492 die verbliebenen Juden endgültig vertrieben. Heute ist das ehemalige Judenviertel Weltkulturerbe und von Touristen überlaufen wie die Drosselgasse in Rüdesheim. Enge Straßen, weiß gekalkte Häuser und nach Blumen duftende Höfe erfreuen die Sinne. Kein Córdoba-Besuch ohne einen Abstecher in die *Calleja de las Flores.* In der C/Judíos, 20 ist die einzige erhaltene Synagoge Andalusiens zu besichtigen, 1315 unter der Herrschaft Alfons' XI. im Mudéjar-Stil errichtet. *Di–Sa 9.30–14 und 15.30–17.30*

Uhr, So 9.30–13.30 Uhr, Eintritt für EU-Bürger frei

Mezquita

★ Wer das Innere der Moschee durch die Puerta de las Palmas betritt, findet sich mit einem Mal in einem Zauberwald aus steinernen Säulen wieder, doppelt überspannt von langen Reihen rotweißer Bögen. Die annähernd quadratische Mezquita scheint auf den ersten Blick in perfektem Gleichmaß errichtet zu sein. Doch mit jedem Schritt, den Sie als Besucher tun, gibt sie ihre Vielgestaltigkeit preis. Die maurischen Herrscher Córdobas begannen mit dem Bau der Moschee 785 an Stelle einer Basilika, die sie den Christen abgekauft hatten. Ihre heutigen Ausmaße erreichte die Mezquita erst um die erste Jahrtausendwende nach drei großen Erweiterungen. Durchwandern Sie die Anlage gegen den Uhrzeigersinn, so folgen Sie ihrer Chronologie. Die Säulen im ersten Viertel gleich hinter dem Eingang entstammen römischen und westgotischen Bauten; die Bögen darüber sind aus weißgelbem Sandstein und roten Ziegeln zusammengesetzt. An der Südostseite, dem Eingang gegenüber, findet sich der *Mihrab,* die Gebetsnische von atemberaubender Pracht, die während der zweiten großen Erweiterung Mitte des 10. Jhs. entstand. Der letzte Bauabschnitt, der die Mezquita nach Nordosten ausdehnte, ist der anspruchsloseste; die Bögen über den Säulen sind hier nur noch bemalt.

Die Christen nutzten die Mezquita nach der Eroberung Córdobas 1236 als Kirche. Das märchenhafte Gebetshaus gefiel ihnen. Während der folgenden 300 Jahre begnügten sie sich damit, kleinere Kapellen einzufügen, die den Gesamteindruck der früheren Moschee kaum berührten. Doch der Bischof Alonso Manrique drängte im 16. Jh. auf den Bau einer Kathedrale. Gegen den heftigen Protest der Bevölkerung wurde der Mezquita eine Renaissancekirche eingepflanzt – ein

Auf mehr als 1000 Säulen stützte sich einst die Mezquita von Córdoba

Speerstich ins Herz der maurischen Schönen. Bis heute hat niemand gewagt, das Ergebnis dieses architektonischen Frevels wieder zu beseitigen. Ironie der Geschichte, dass der Prachtbau der Moslems der katholischen Kirche gehört und auf Stadtplänen korrekt als »Mezquita Catedral« auftaucht. *März, Juli–Okt. Mo bis Sa 10–18.30 Uhr, So 14–18.30 Uhr, April–Juni Mo–Sa 10–19 Uhr, So 14–19 Uhr, Nov. und Feb. Mo bis Sa 10–17.30 Uhr, So 14–17.30 Uhr, Dez., Jan. Mo–Sa 10–17 Uhr, So 14–17 Uhr, Eintritt 6,50 Euro*

Insider Tipp

Palacio de los Marqueses de Viana

Córdobas prachtvollster Adelspalast geht auf das 14. Jh. zurück und ist immer wieder erweitert worden. Heute umschließt er 12 Höfe und einen Garten. *Mitte Juni–Sept. Mo–Sa 9–14 Uhr, Okt.–Mai Mo–Fr 10–13 und 16–18 Uhr, Sa 10–13 Uhr, Plaza Don Gome, 2, Eintritt 6 Euro, nur die Höfe 3 Euro*

Plaza de los Dolores

Auf dem kleinen »Schmerzensplatz« ist ein steinerner Christus *(Cristo de los Faroles)* von merkwürdigen schmiedeeisernen Laternen umringt.

Plaza del Potro

Ein gemütlicher Dorfplatz mitten in der Stadt, beherrscht von der Fassade des Museo de Bellas Artes im plateresken Stil, einem Baustil der spanischen Spätgotik. Das sich aufbäumende Fohlen über dem Renaissancebrunnen in der Mitte des Platzes ist eines der Wahrzeichen Córdobas. In der angrenzenden *Posada del Potro* (15. Jh.) übernachtete einst Cervantes und verewigte sie in seinem »Don Quijote«.

Puerta de Almodóvar

Wenn Sie durch das mächtige mittelalterliche Tor am nordwestlichen Ende der Judería aus der Innenstadt hinaus gehen, finden Sie links die Calle Cairuan, die an einem gut erhaltenen Teil der maurischen Stadtmauer entlangführt. Dabei stoßen Sie auf eine Statue des in Córdoba geborenen moslemischen Philosophen Averroes (1126–1198). Seinem Freund, dem jüdischen Denker Maimónides (1135–1204), ist auf der Plaza de Tiberiades an der C/Judíos ein Denkmal gesetzt.

MUSEEN

Museo Arqueológico

Córdobas faszinierendes Archäologisches Museum bietet alte Keramik aus dem Neolithikum, Kalksteinskulpturen der Iberischen Kultur (6.–3. Jh. v. Chr.), römische Mosaike und islamische Kunst aus der Blütezeit Córdobas um die erste Jahrtausendwende. *Di 15–20 Uhr, Mi–Sa 9–20 Uhr, So 9–15 Uhr, Plaza de Jerónimo Páez, 7, Eintritt für EU-Bürger frei*

Torre de la Calahorra

In dem ehemaligen Festungsturm (1369) ist das populäre »Museum der Drei Kulturen« untergebracht, das Besuchern das Leben von Moslems, Christen und Juden zur Zeit des Kalifats nahe bringt – eher romantisch verklärend als informativ. Von hier aus bietet sich ein Postkartenblick über Guadalquivir und Puente Romano (Römische Brücke auf Fundamenten aus der Zeit von Kaiser Augustus) auf die Mezquita. *Mai–Sept. tgl. 10–14 und 16.30–20.30 Uhr, Okt.–April tgl. 10–18 Uhr, Eintritt 4 Euro*

Restaurant Almudaina

ESSEN & TRINKEN

Almudaina
Bestes Restaurant am Platz. Moderne Küche, inspiriert von Cordobeser Tradition. Überdachter Hof. *Mo bis Sa 12–16 und 20.30–23 Uhr, Mitte Sept.–Mitte Juni auch So 12 bis 16 Uhr, Jardines de los Santos Mártires, 1, Tel. 957 47 43 42,* €€€

Bodega Guzmán
Zum Fino oder Montilla können Sie kalte Tapas bestellen. Echte Bodegaatmosphäre. *Fr–Mi 11.30–16 und 20–23.30 Uhr, C/Judíos, 7,* €

Insider Tipp **Bodegas Campos**
Der 1908 gegründete Weinkeller ist heute ein labyrinthisches Restaurant rund um mehrere Innenhöfe. Exquisite Cordobeser Küche. *Mo bis Sa 13–16 und 20–24 Uhr, So 13–16 Uhr, C/Lineros, 32, Tel. 957 49 76 43,* €€€

Casa Pepe de la Judería
Hier gibt es traditionelle Küche, auch Tapas, in gemütlichem Ambiente. *Tgl. 13–16 und 20.30 bis 23.30 Uhr, C/Romero, 1, Tel. 957 20 07 44,* €€–€€€

La Cávea
Tapas unter zwei knorrigen Akazien auf dem Platz vor dem Museo Arqueológico. *Di–So 9–22 Uhr, Plaza Jerónimo Páez,* €–€€

EINKAUFEN

Stöbern Sie im *Zoco Municipal*, einer Markthalle für Kunsthandwerk gegenüber der Synagoge – sieht nach Touristenfalle aus, ist aber keine. Filigrane Silberarbeiten, für die Córdoba berühmt ist, finden Sie in der *Joyería Maimónides (C/Romero, 5)*. Lederwaren kaufen die Cordobesen in der Werkstatt von *Cordobán Meryan (Calleja de las Flores, 2)*.

ÜBERNACHTEN

Albucasis Insider Tipp
Gepflegtes, familiäres Zwei-Sterne-Haus in der Judería. *15 Zi., C/Buen Pastor, 11, Tel. 957 47 86 25,* €€

Casa de los Naranjos Insider Tipp
Neues kleines Hotel rund um zwei ruhige Patios, geschmackvoll-schlicht eingerichtet. Nahe dem Viana-Palast. *20 Zi., Tel. 957 47 05 87, www.casadelosnaranjos.com,* €€

Maestre
Hotel und Hostal in direkter Nachbarschaft. Beide bieten angenehme

Atmosphäre für wenig Geld. *Insgesamt 50 Zi., C/Romero Barros, 4/6, Tel. 957 47 24 10, €–€€*

NH Amistad Córdoba
Luxuriöses Vier-Sterne-Hotel der Kette NH, beschützt von der arabischen Stadtmauer. *84 Zi., Plaza de Maimónides, 3, Tel. 957 42 03 35, Fax 957 42 03 65, €€€*

Seneca
Gemütliches Hostal mit grünem Patio. *12 Zi., C/Conde y Luque, 7, Tel. und Fax 957 47 32 34, €*

AM ABEND

Flamenco
Ordentliches Programm im *Tablao Cardenal. März–Nov. Mo–Sa 22.30 Uhr, C/Torrijos, 10, Tel. 957 48 33 20, Eintritt 18 Euro.*

Kneipen
Die jungen Cordobesen treffen sich in der *Ciudad Jardín* (westlich des Paseo de la Victoria), wo es auch einige Schwulenkneipen gibt.

Im Sommer zieht es die Jungen in das Viertel *El Brillante* etwas außerhalb im Norden der Innenstadt. Alle anderen suchen ihr abendliches Vergnügen *rund um die Kirche San Hipólito* oder noch weiter nördlich die *Avda. Gran Capitán* hinauf.

AUSKUNFT

Oficina de Turismo
Mo–Fr 9.30–18 Uhr, Sa 10–14 und 16–18 (Sommer 17–19) Uhr, So 10 bis 14 Uhr, C/Torrijos, 10, gegenüber der Mezquita, Tel. 957 47 12 35, www.turismodecordoba.org

ZIELE IN DER UMGEBUNG

Almodóvar del Río **[119 D4]**
Ein schön verschachteltes Städtchen im Guadalquivir-Tal (7000 Ew., 25 km westlich von Córdoba), überragt von einer gewaltigen, rundum von Zinnen gekrönten maurischen Burg aus dem 12. Jh. Gut essen zu vernünftigen Preisen können Sie im Restaurant *La Taberna (Sept.–Juli Di–So 13.30–16 und 20.30–23 Uhr, im Juli So geschl., C/Antonio Machado, 24, Tel. 957 71 36 84, €€).*

Medina Azahara **[119 D4]**
Der Emir von Córdoba, Abd Ar Rahman III., Herrscher der Omaijaden-Dynastie, fühlte sich 929 so stark, dass er sich erlaubte, den Kalifentitel anzunehmen. Zur Demonstration seines Machtbewusst-

Die Marco Polo Bitte

Marco Polo war der erste Weltreisende. Er reiste in friedlicher Absicht, verband Ost und West. Er wollte die Welt entdecken, fremde Kulturen kennen lernen, nicht zerstören. Könnte er heute für uns Reisende nicht Vorbild sein? Aufgeschlossen und friedlich sollte unsere Haltung auf Reisen sein. Dazu gehören auch Respekt vor Mensch und Tier und die Bewahrung der Umwelt.

WWF

seins befahl er 936 den Bau eines neuen Regierungssitzes vor den Toren Córdobas: Medina Azahara, auch Madinat al-Zahra genannt. Ausgestattet mit verschwenderischem Luxus, entstand 10 km westlich von Córdoba eine märchenhafte Palaststadt, deren Ruf in alle Welt drang. Spannungen im neuen Kalifat führten dazu, dass Gegner der Omaijaden 1010 die gerade erst entstandene Pracht zerstörten. Anfang des 20. Jhs. begannen die Ausgrabungen. Zwei Gebäude sind teilweise wieder aufgebaut worden und lassen die untergegangene Großartigkeit erahnen: der *Salón Rico* oder *Salón de Abd Ar Rahman III.* und das *Edifício Basilical Superior. Mai–Mitte Sept. Di–Sa 10–20 Uhr, So 10–14 Uhr, Mitte Sept. bis April Di–Sa 10–18 Uhr, So 10–14 Uhr, Eintritt für EU-Bürger frei*

Insider Tipp **Sierra Subbética** **[119 F5]**

Auf der Plaza de la Paz, unter der Burg aus dem 9. Jh., stehen die Männer aus *Zuheros* beieinander und schauen über die Olivenhaine der Campiña zu ihren Füßen. Ganz und gar weiß klebt das Dorf an einem Hang der Sierra Subbética, dem faszinierend kargen Bergland etwas abseits der Nationalstraße von Córdoba nach Granada, das von den meisten Reisenden links liegen gelassen wird. Sie verpassen verträumte Dörfer wie Zuheros oder das geschichtsträchtige *Almedinilla* und vor allem den Hauptort der Sierra Subbética, *Priego de Córdoba* (15 000 Ew., 104 km südöstlich von Córdoba), dessen weiße Altstadt romantisch auf einem Felsplateau thront. Im Schatten der arabischen Burg liegt das gemütliche Restaurant *El Aljibe (tgl. 12.30–24 Uhr, C/Abad Palomino, 7, Tel. 957 70 18 56, €–€€)*. Nicht weit, im Gewirr der Altstadtgassen, die schönste Pension der Gegend: *La Posada Real (7 Zi., C/Real 14, Tel. 957 54 19 10, www.laposadareal.com, €)*. Auskunft: *Oficina de Turismo (Di–So 10–13.30 und 17 bis 19.30 Uhr, C/Río, 33, Tel. 957 70 06 25)*.

SEVILLA

Karte in der hinteren Umschlagklappe

[117 E4] Auf der Avenida de la Constitución schlängeln sich junge Mopedfahrer in Jeans und T-Shirt durch den nachmittäglichen Verkehr. Das nicht abreißende Knattern der Zweitaktmotoren gehört zur Musik der Stadt wie das Trappeln der Kutschpferde, der Flamenco aus den Lautsprechern der Bars und die lang gezogenen Rufe der blinden Losverkäufer. Die 700 000-Einwohner-Stadt, nach Madrid, Barcelona und Valencia die viertgrößte Spaniens, vibriert. Doch nie verfallen die Sevillaner in Hektik. Die Sonne, die mittags gnadenlos weiß am Himmel steht und abends ihren sanften rötlichen Schleier über die Straßen legt, dämpft jede Unrast.

Rund um die Giralda – das Wahrzeichen der Stadt, ein altes Minarett, zum Glockenturm der Kathedrale verwandelt – liegt ein tausendteiliges Puzzle aus Gassen, Plätzen, Monumenten, üppigen Gärten und von Dachterrassen gekrönten Wohnhäusern.

Seine stolzesten Tage erlebte Sevilla unter der Herrschaft des Berbervolkes der Almohaden um die erste Jahrtausendwende und gut

500 Jahre später im Fieber der Entdeckung und Ausbeutung Lateinamerikas. Doch die Stadt lebt nicht allein von vergangener Größe. Zuletzt zog Sevilla mit der Expo 1992 die Aufmerksamkeit der Welt auf sich. Die Ausstellung schuf einen neuen Stadtteil auf der Halbinsel La Cartuja und öffnete Sevilla wieder zum Fluss, dem Guadalquivir.

SEHENSWERTES

Archivo General de Indias

Nachdem Kolumbus 1492 im Auftrag der spanischen Krone gen Westen gesegelt war, um einen neuen Weg nach Indien zu finden, und dabei zufällig Amerika entdeckte, entwickelte sich Sevilla zum Zentrum des Handels zwischen Neuer und Alter Welt. Die Eroberung Amerikas, seine Verwaltung und der interkontinentale Handel sind im Generalarchiv (Neu-)Indiens mit Zehntausenden von Papieren dokumentiert. *2004 wegen Renovierung geschl., Plaza del Triunfo*

Ayuntamiento

Das Rathaus aus dem 16. Jh. ist zur Plaza San Francisco prächtig im Stil der spanischen Spätgotik gestaltet, während die Hauptfassade zur Plaza Nueva nach einem Ausbau schlichter klassizistisch geriet. *Geführte Besichtigungen Sept.–Juli Di bis Do 17.30 und 18 Uhr, Eintritt frei*

Barrio Santa Cruz

★ Das märchenhafte Stadtviertel im Schatten der Reales Alcázares lädt dazu ein, sich ein paar Stunden ohne Stadtplan in seinen weißen Gassen zu verlieren, ungestört von Autos oder Mopeds in einer der Bars einen Kaffee zu trinken oder in kleinen Läden nach Keramik zu stöbern. Der schönste der vielen schönen Plätze ist gar keiner: In der *Calle Lope de Rueda* verwandeln Topfpflanzen die Straße in einen gemütlichen Hof für den Plausch unter Nachbarn. Zur Geschichte des alten Judenviertels gehören ein fürchterliches Pogrom 1391 und die endgültige Vertreibung seiner Bewohner 1492.

Casa de Pilatos

Das Haus des Pilatus ist ein phantastischer Stadtpalast, Ende des 16. Jhs. im Mudéjar-Stil erbaut. *März bis Sept. tgl. 9–19 Uhr, Okt.–Feb. tgl. 9–18 Uhr, Plaza de Pilatos, Eintritt Erdgeschoss 5 Euro, gesamter Palast 8 Euro, Di 13–17 Uhr gratis*

Catedral und Giralda

»Errichten wir eine so große Kirche, dass uns die Nachwelt für verrückt erklärt.« Die Bauherren der ★ Kathedrale von Sevilla(15. Jh.) sind dieser Vorgabe eines Kapitelherrn gefolgt und schufen den größten gotischen Kirchenbau der Welt. Gleich hinterm Südeingang halten vier steinerne Träger einen Sarkophag, der seit 1902 die Gebeine von Kolumbus bewahren soll – ob der Entdecker wirklich hier ruht, ist nach den vielen Umbettungen seines Leichnams nicht ganz gewiss.

Höhepunkt im Innern der Kirche ist der in hundertjähriger Arbeit entstandene Hochaltar mit seinem Schwindel erregenden Formenreichtum. Die Kathedrale wurde, wie fast immer in Andalusien, an Stelle einer Moschee errichtet, von der noch der Orangenhof und die Giralda, ein Minarett aus dem 12. Jh., übrig sind. Dem Mi-

Ein märchenhafter Platz lädt zum Verweilen ein: die Plaza de España

narett wurde während des Umbaus zum Glockenturm im 16. Jh. eine Spitze im Renaissancestil aufgesetzt, gekrönt von einer 4 m hohen Figur mit Standarte und Palmenzweig in Händen. Dieser *Giraldillo* dreht sich im Wind *(girar:* spanisch für drehen), und gab dem gesamten 97 m hohen Turm seinen Namen. Der Aufstieg über eine Rampe zur Spitze der Giralda wird mit den besten Ausblicken über das alte Sevilla belohnt. *Mo–Sa 11–17 Uhr, So 14.30–18 Uhr, Eintritt Kathedrale mit Giralda 6 Euro, So gratis*

Isla La Cartuja

Auf der Kartäuserinsel feierten die Sevillaner 1992 ihre fröhliche Expo, deren Spuren sich bereits langsam wieder verwischen. Wo einst der Expo-See lag, vergnügen sich die Sevillaner heute im Freizeitpark *Isla Mágica.*

Die *Puente del Alamillo,* eine der unverwechselbaren Brücken des spanischen Stararchitekten Santiago Calatrava, überspannt ein Stück nördlich vom Freizeitpark, einer Riesenharfe gleich, den alten Guadalquivir. Südlich liegt das ehemalige Kartäuserkloster *Monasterio de Santa María de las Cuevas,* in dem das Andalusische Zentrum für Zeitgenössische Kunst *(Centro Andaluz de Arte Contemporáneo, Di–Fr 10–20 Uhr, Sa 11–20 Uhr, So 10–14 Uhr, Eintritt 5 Euro)* untergebracht ist.

Plaza de España

Ein kurzer Spaziergang hinaus aus dem Herzen der Altstadt führt südlich zum *Parque de María Luisa,* der für die Iberoamerikanische Ausstellung 1929 angelegt wurde. Inmitten des Parks liegt unwirklich wie eine Filmkulisse die Plaza de España, abgeschlossen von einem prächtigen halbrunden Bau, dessen Außenwände Kachelbilder mit Szenen aus der Geschichte der 50 spanischen Provinzen schmücken. Auf den Bänken zu ihren Füßen lässt es sich wunderbar faul sein.

Plaza de Toros
Sevillas Stierkampfarena *Real Maestranza* aus dem 18. Jh. ist mit 14 000 Sitzplätzen die größte Andalusiens und die bedeutendste Spaniens nach der von Madrid. *Tgl. 9.30–19 Uhr, an Stierkampftagen 9.30–15 Uhr, Eintritt 4 Euro*

Reales Alcázares
★ Die Königlichen Paläste führen Besucher beim ersten Hinsehen in die Irre: Nicht Araber ließen sie errichten, sondern der christliche Fürst Peter der Grausame (14. Jh.), der damit ein wahrhaft königliches Nest für sich und seine Geliebte María de Padilla schuf. Doch die Baumeister waren Mauren, gesandt von den nasridischen Herrschern aus Granada. So entstand das schönste Werk des Mudéjar-Stils, ein Märchen aus tausend und zwei Nächten. Zwischen verspielten arabischen Ornamenten finden sich immer wieder die Symbole des christlichen Spaniens: die Burg und der Löwe – doch ebenso das Motto des Nasridenkönigs in arabischer Schrift: »Es gibt keinen Sieger außer Allah.« Höhepunkt im Innern ist die *Sala de Embajadores* (Botschaftersaal) mit ihrer reich dekorierten Gewölbedecke. Aber allein die Gärten sind den Besuch der Reales Alcázares wert: eine duftende Insel der Ruhe voller Wasserspiele und Kachelbänke inmitten der Großstadt. *April–Sept. Di–Sa 9.30–19 Uhr, So 9.30–17 Uhr, Okt.–März Di–Sa 9.30–17 Uhr, So 9.30–13.30 Uhr, Eintritt 5 Euro*

Reales Atarazanas Insider Tipp
Die Königlichen Schiffszeughäuser in der Nähe des Guadalquivir-Ufers gehören zu den ältesten Bauwerken der Stadt (13. Jh.). Nach der im Herbst 2002 vorerst abgeschlossenen Renovierung fühlen Sie sich zwischen den unverputzten Mauern mit ihren gotischen Bögen wie in einer Kathedrale des mittelalterlichen Geschäftslebens. *Di–Sa 10–bis 14 und 16–20 Uhr, So 10–15 Uhr, C/Temprado, 1, Eintritt frei*

Torre del Oro
Der Goldturm am Ufer des Guadalquivir entstand in maurischer Zeit um 1220 als Festungsturm. Das zweite Wahrzeichen Sevillas neben der Giralda war ursprünglich wohl mit vergoldeten Keramikplatten bedeckt. Heute beherbergt der Torre del Oro ein Marinemuseum. Sehenswert ist er aber nur von außen.

Triana
Die Bewohner des Viertels westlich des Guadalquivir leben in einer eigenen Welt, aus deren Sicht Sevilla bestenfalls ein bedeutender Stadtteil jenseits des Flusses ist. In Triana steht die älteste Kirche Sevillas, die *Iglesia de Santa Ana* (1280). Ein Besuch des Viertels lohnt wegen seines Nachtlebens und seiner Kunsthandwerkerläden.

MUSEEN

Hospital de la Caridad
Sevillaner Maler, darunter Murillo und Valdés Leal, schufen im 17. Jh. eigens für das Hospital der Barmherzigkeit eine Reihe von Gemäl-

den über die Vergänglichkeit allen Seins. *Mo–Sa 9–13.30 und 15.30 bis 19.30 Uhr, So 9–13 Uhr, C/Temprado, 3, Eintritt 3 Euro*

Museo Arqueológico
Das Archäologische Museum, eingerichtet in einem Pavillon der Iberoamerikanischen Ausstellung von 1929, ist bekannt für seine Fundstücke aus Itálica, der römischen Siedlung im Nordwesten Sevillas, und den Goldschatz von El Carambolo aus dem 8. und 7. Jh. v. Chr. *Di 15–20 Uhr, Mi–Sa 9–20 Uhr, So 9–14 Uhr, Plaza de América, Eintritt für EU-Bürger frei*

Museo de Bellas Artes
Das großartige Museum der Schönen Künste ist in einem Kloster aus dem 17. Jh. untergebracht und birgt Schätze der Sevillaner Malschule von Zurbarán, Murillo und Valdés Leal. *Di 15–20 Uhr, Mi–Sa 9–20 Uhr, So 9–14 Uhr, Plaza del Museo, 9, Eintritt für EU-Bürger frei*

ESSEN & TRINKEN

La Albahaca
Stilvoll eingerichtetes Restaurant in einem alten Herrenhaus im Barrio Santa Cruz, mit ruhiger Terrasse. *Mo–Sa 13–16 und 20–24 Uhr, Plaza Santa Cruz, 12, Tel. 954 22 07 14,* **€€€**

Los Alcores
Insider Tipp
Populäres Mesón in Triana. Hier essen Sie wie die Einheimischen: einfach, aber immer mit besten frischen Zutaten. *Di–So 13–16 und 21–24 Uhr, C/Farmacéutico Murillo Herrera, 10, Tel. 954 27 06 61,* **€**

Cervecería Giralda
Auf der Karte stehen 38 verschiedene Tapas, eine leckerer als die andere. Noch so viele Touristen können die Einheimischen nicht vertreiben. In einem Nebenraum wird teuer und gut à la carte serviert. *Tgl. 9–24 Uhr, C/Mateos Gago, 1,* **€–€€€**

Paradores

Andalusische Luxusnächte – der Staat als Hotelier

1928 wurde in der Sierra de Gredos westlich von Madrid in einem alten Jagdschloss der erste Parador eröffnet. Heute betreibt die staatliche Hotelkette 88 Häuser – 16 davon in Andalusien –, die meisten in fein restaurierten historischen Gebäuden: Herbergen der gehobenen Kategorie zu vergleichsweise günstigen Preisen; eine Nacht im Doppelzimmer kostet etwa 90 bis 130 Euro; Ausreißer ist der Parador in der Alhambra von Granada mit gut 210 Euro. Die angeschlossenen Restaurants bieten exquisite regionale Küche. Reservierung Deutschland: *Ibero Tours, Tel. 0211/864 15 20, www.iberotours.de;* Österreich: *Siesta, Tel. 01/587 96 21, www.siesta.at;* Schweiz: *Sierra Mar, Tel. 01/295 91 77, www.sierra.ch;* Spanien: *Tel. 915 16 66 66, www.parador.es*

In der Innenstadt von Sevilla reiht sich ein Straßencafé ans andere

Confitería La Campana
Mehr als 100 Jahre altes Café am Eingang zur Calle Sierpes. Ideal zum Sehen und Gesehenwerden. *Tgl. 8–22 Uhr, C/Sierpes, 1*

Las Escobas
Rund um die Kathedrale drängen sich die Touristenrestaurants. Dieses aber hat Geschichte bis zurück zum Jahr 1386. *Tgl. 12–24 Uhr, C/Álvarez Quintero, 62, Tel. 954 21 94 08,* €€

Taberna del Alabardero
Moderne andalusische Küche in einem Stadtpalast aus dem 19. Jh. Luxuriös, aber mit erschwinglichem Mittagsmenü. *Tgl. 13–16 und 20 bis 24 Uhr, C/Zaragoza 20, Tel. 954 50 27 21,* €–€€€

EINKAUFEN

Sevillas Bummelmeile ist die Gegend um die Calle Sierpes und die Calle Tetuán nördlich des Rathauses; in der Calle Sierpes, 87 haben sich *Victorio & Lucchino* niedergelassen, Sevillas international bekannte Modeschöpfer. Kunsthandwerk finden Sie in Triana rund um die Straßen Alfarería, Antillano und San Jorge. Für Souvenirs, zum Beispiel Kacheln im maurischen Stil, lohnt sich auch der Andenkenladen in den Reales Alcázares. Kulinarische Köstlichkeiten Andalusiens bietet die Ladenkette *Antigua Abacería de San Lorenzo*, z. B. in der C/Monsalves, 6, in der Nähe des Museo de Bellas Artes, wo eine kleine Bar zum Kosten einlädt. Der alte Bahnhof an der Plaza de Armas ist seit 1999 ein eleganter Konsumtempel, in dem Sie bekannte Markennamen finden. In der Calle Amor de Dios gibt es eine Reihe von Klamotten- und Schmuckläden für junge und alte Hippies – auf dieses Publikum zielt auch der Flohmarkt auf der Plaza Duque de la

Insider Tipp

Victoria mittwochs bis sonntags vormittags. Ein schöner Flohmarkt findet donnerstags vormittags in der C/Feria statt. Hier gibt es alles von Haustieren bis zu Antiquitäten.

ÜBERNACHTEN

Fast alle Sevillaner Hotels heben ihre Preise während der Semana Santa und der Feria de Abril bis auf das Doppelte an.

Alcázar
Pension im Schatten der Alcázar-Mauern mit Blick auf die Kathedrale. *8 Zi., C/Deán Miranda, 12, Tel. 954 22 84 57,* €–€€

Alfonso XIII
★ Eines der vornehmsten Hotels Spaniens, 1928 im Mudéjar-Stil entworfen. Auch wenn Sie hier nicht übernachten: Trinken Sie einen Kaffee in der Hotelbar mit Blick auf den Patio. *147 Zi., C/San Fernando, 2, Tel. 954 91 70 00, www.hotel-alfonsoxiii.com,* €€€

Arias
Einfaches, aber gepflegtes Hostal in der Nähe der Kathedrale. *14 Zi., C/Mariana de Pineda, 9, Tel. 954 21 83 89, www.hostalarias.com,* €–€€

Las Casas de los Mercaderes
Vornehmes Hotel rund um einen Patio aus dem 18. Jh. in der Nähe des Rathauses. *47 Zi., C/Álvarez Quintero, 9, Tel. 954 22 58 58, Fax 954 22 98 84, www.casasypalacios.com,* €€€

Doña Lina
Kleines, frisch renoviertes Haus aus dem 19. Jh. mitten im Barrio Santa Cruz. *7 Zi., C/Gloria, 7, Tel. 954 21 09 56, Fax 954 21 86 61,* €€

Doña María
Luxuriöses Hotel mit sympathischem Hang zum Kitsch. Unübertoffen: die Dachterrasse mit kleinem Swimmingpool und Blick auf die Giralda. *64 Zi., C/Don Remondo, 19, Tel. 954 22 49 90, www.hdmaria.com,* €€€

La Hostería del Laurel
Ein Traditionshotel an einem der schönsten Plätze des Barrio Santa Cruz. *21 Zi., Plaza de los Venerables, 5, Tel. 954 22 02 95, www.hosteriadellaurel.com,* €€–€€€

FREIZEIT & SPORT

Strand von Mazagón [116 C5] Insider Tipp
Wenn die Sevillaner ans Meer fahren, dann am liebsten in die Feriensiedlung *Matalascañas,* Ende der 1960er-Jahre am Südwestrand des heutigen Nationalparks Doñana an der Costa de la Luz aus dem Boden gestampft. Wer den spanischen Massentourismus meiden möchte, findet nur ein kleines Stück weiter westlich, zwischen Matalascañas und Mazagón, einen 23 km langen, bis zu 120 m breiten, fast unberührten feinen Sandstrand. Der liegt einmalig zu Füßen mehr als 100 m hoher Sandklippen, dem Rand einer zum Stillstand gekommenen Wanderdüne. Vor 50 Jahren wurde die Düne mit Pinien bepflanzt, um ihre weitere Erosion aufzuhalten. An den Strand gelangen Sie entweder zu Fuß über einen 1200 m langen Steg quer durch die Düne (vom Parkplatz Cuesta Maneli an der Landstraße A 494 bei km 39 zwischen Matalascañas und Mazagón)

oder über die Zufahrt zum Parador von Mazagón (115 km westlich von Sevilla). Der wunderschöne *Parador (63 Zi., Ctra. A 494, Km 30, Tel. 959 53 63 00, Fax 959 53 62 28, €€€)* etwas außerhalb des Ortes Mazagón wurde Ende der 60er-Jahre inmitten des Pinienwaldes über dem Abhang zum Meer errichtet.

AM ABEND

Sevilla ist berühmt für sein Nachtleben. Menschen jedes Alters genießen die laue Luft des Abends in den Bars der Straße Mateos Gago, gleich neben der Giralda, oder in Triana rund um die Puente Isabel II und in der Calle Betis. Junge Leute bevölkern nachts die Innenstadt zwischen den Plätzen Alfalfa und Salvador (z. B. den Pub *Sopa de Ganso)* oder das Viertel Arenal westlich der Avda. de la Constitución, z. B. die Disko *Nodo (C/Federico Sánchez Bedoya, 20).*

Alternatives Publikum zieht es in die Kneipen der Alameda de Hércules, dort ist der *Fun-Club* (Indie-Disko und Konzertsaal, *Alameda de Hércules, 86)* sehr populär. Im Juli und August sind die Terrassen am Ufer des Guadalquivir unterhalb der Straße Torneo beliebt. Besonders viel Trubel herrscht dann rund um die *Puente Isabel II.* (Insider Tipp) Schwule treffen sich in der Gegend um die C/ Reyes Católicos.

Eine Reihe von *tablaos* bieten Flamencoshows für Touristen, z. B. *Los Gallos (21 und 23.30 Uhr, Plaza Santa Cruz, 11, Tel. 954 21 69 81, Eintritt 27 Euro).* Es gibt aber auch noch zwei Tavernen mit gelegentlichem Flamencoprogramm nicht nur für Auswärtige: die kleine *Casa Anselma* in Triana *(Mo–Sa 23.30–3 Uhr, C/Pagés del Corro, 49)* und der Klassiker – oft brechend voll – ★ *La Carbonería (tgl. 20–3.30 Uhr, C/Levíes, 18, Tel. 954 21 44 60)* nördlich des Barrio Santa Cruz. Hier werden Sie es auch an Abenden ohne Vorführung nett haben.

AUSKUNFT

Oficina de Turismo
Mo–Fr 9–19 Uhr, Sa 10–14 und 15–19 Uhr, So 10–14 Uhr, Avda. de la Constitución, 21–B, Tel. 954 22 14 04, www.sevilla.org

ZIELE IN DER UMGEBUNG

Carmona **[118 B6]**
Jeder Winkel der 22 000-Einwohner-Stadt (38 km östlich von Sevilla) atmet Geschichte. Auf einem Bummel von der Puerta de Sevilla quer durchs historische Zentrum über die Plaza San Fernando bis zur Puerta de Córdoba stoßen Sie auf karthagische, römische, maurische und mittelalterlich christliche Spuren im Überfluss. Vor den Toren der Stadt liegt die bedeutendste römische Grabanlage Spaniens: *Necrópolis Romana.* Manche Gräber wie die *Tumba de Servilia* gleichen unterirdischen Palästen *(Mitte Juni bis Mitte Sept. Di–Fr 8.30–14 Uhr, Sa 10–14 Uhr, Mitte Sept.–Mitte Juni Di–Fr 9–17 Uhr, Sa und So 10–14 Uhr, Avda. Jorge Bónsor, 9, Eintritt für EU-Bürger frei).*

Gute regionale Küche in einer alten Olivenmühle bietet das *Molino de la Romera (Mo–Sa 13–16 und 20–23 Uhr, So 13–16 Uhr, C/Sor Angela de la Cruz, 8, Tel. 954 14 20 00, €€).* Im *Alcázar del Rey Don Pedro* (14. Jh., erbaut von Peter dem Grausamen) im Os-

Itálica bietet Ihnen eine Reise in die römische Vergangenheit

ten der Altstadt ist heute einer der schönsten Paradores Spaniens *(63 Zi., Tel. 954 14 10 10, Fax 954 14 17 12, €€€)* eingerichtet, der den Besuch mindestens für einen Kaffee lohnt. Auskunft: *Touristeninfo (Mo–Sa 10–18 Uhr, So 10–15 Uhr, im Stadttor Puerta de Sevilla, Tel. 954 19 09 55).*

Itálica **[117 E4]**

Ein faszinierender Ruinenspaziergang erwartet Sie 10 km nordwestlich von Sevilla am Rand des Ortes *Santiponce.* 206 v. Chr. gegründet, ist Itálica die bedeutendste römische Siedlung Andalusiens. Hier wuchsen im 1. Jh. n. Chr. die späteren Kaiser Trajan und Hadrian auf. Mit der Eroberung der Iberischen Halbinsel durch die Araber ging Itálica unter. Die noch lange nicht abgeschlossenen Ausgrabungen begannen im 18. Jh. Höhepunkte eines Besuchs sind das 25 000 Zuschauer fassende *Amphitheater* und die *Casa del Planetario* mit perfekt erhaltenem Bodenmosaik *(April–Sept. Di–Sa 8.30–20.30 Uhr, So 9–15 Uhr, Okt.–März Di bis Sa 9–17.30, So 10–16 Uhr, Avda. Extremadura, 2, Santiponce, Eintritt für EU-Bürger frei).*

Niebla **[116 C4]**

Die arabische Stadtmauer, die den 4000-Einwohner-Ort (66 km westlich von Sevilla) fest umschließt, schimmert seit mehr als acht Jahrhunderten rötlich über das flache Land am Río Tinto. Durch eines der fünf Tore, die *Puerta de Sevilla,* gelangen Sie zum *Castillo de los Guzmanes (www.castillodeniebla.com),* das in ein liebevoll gestaltetes *Stadtmuseum (Juni–Mitte Sept. tgl. 10–22 Uhr, Mitte Sept.–Mai tgl. 10–18 Uhr, Eintritt 4 Euro)* verwandelt wurde. Das einfache Restaurant *Las Almenas (Di–So 12–24 Uhr, Ctra. Huelva–Sevilla, 2, €)* liegt im Schatten der Stadtmauer.

Einzige Übernachtungsmöglichkeit ist die bescheidene und billige Pension *Los Hidalgo (5 Zi., C/Moro, 3, Tel. 959 36 20 80, €)*. Auskunft: *Touristeninfo (im Eingang zum Castillo, selbe Öffnungszeiten, Tel. 959 36 22 70)*.

Osuna **[123 E1]**

Gewaltig erhebt sich die Renaissancekirche *La Colegiata (Mai bis Sept. tgl. 10–15.30 und 16–19 Uhr, Okt.–April tgl. 10–13.30 Uhr und 15.30–18.30 Uhr, Juli und Aug. So nachmittags geschl., Eintritt 2 Euro)* über dem 16 000-Einwohner-Städtchen 91 km östlich von Sevilla. Hinter ihrer trutzigen Fassade verbirgt sich ein lichtes, schlichtes Inneres von grandioser Schönheit. Osuna, Universitätsstadt von 1549 bis 1820, strahlt noch immer den Glanz vergangener Größe aus. Im ganzen Umland bekannt ist das Restaurant *Casa Curro (Di–So 9.30–24 Uhr, Plaza Salitre, 5, Tel. 955 82 07 58, €)* für seine exzellente regionale Küche – mit mehr als 200 verschiedenen Tapas. In einem Barockpalast ist das edle Hotel ★ *La Palacio Marqués de la Gomera* eingerichtet *(20 Zi., C/San Pedro, 20, Tel. 954 81 22 23, www.hotelpalaciodelmarques.com, €€€)*, das allein jeden Umweg nach Osuna rechtfertigt. Keine Zimmer, sondern Gemächer warten auf den Gast, und das zu erschwinglichen Preisen – was auch für die exquisite kreative andalusische Küche des Hotelrestaurants *La Casa del Marqués (tgl. 14–16 und 21–23 Uhr, €€€)* gilt. Eine billigere Übernachtungsalternative bietet das Hotel *El Caballo Blanco (13 Zi., C/Granada, 1, Tel. 954 81 01 84, €)*.

Parque Nacional Coto de Doñana **[117 D5–6]**

Im Mündungsgebiet des Guadalquivir südwestlich von Sevilla können Sie eine der wertvollsten Natur-

Nationalpark Coto de Doñana – Europas größtes Vogelschutzgebiet

landschaften Europas erleben: den Nationalpark Coto de Doñana. Hinter mächtigen Wanderdünen bieten dauernd überschwemmte Landstriche, die *marismas,* ideale Lebensbedingungen für mehr als 300 Vogelarten, vom Purpurreiher bis zum Kammblässhuhn, von der Brachschwalbe bis zum Säbelschnäbler. Auf 54 000 ha lässt der Mensch die Natur in Ruhe. So haben hier auch Kaiseradler und Iberischer Luchs, beide vom Aussterben bedroht, einen Rückzugsort gefunden. Jahrhundertelang war Doñana Jagdrevier *(coto)* der Mächtigen, bis Biologen in den 1950er-Jahren den großen ökologischen Wert der Region erkannten. Seit 1969 besteht der Nationalpark. 1994 wurde er zum Weltkulturerbe der Menschheit erklärt. Im Frühjahr 1998 brach oberhalb des Parks ein Auffangbecken für giftige Minenschlamme und verseuchte auf rund 50 km Länge den Doñana-Zufluss Guadiamar. Kurz vor dem Nationalpark verebbte die giftige Flut; der langfristige Schaden an Tieren und Pflanzen ist nicht abzuschätzen.

Die Ruhe Doñanas wird zweimal täglich von kleinen, skandalös röhrenden Geländebussen gestört, die Besucher durch den südlichen Streifen des Nationalparks schaukeln. Der aufregende vierstündige Ausflug lohnt sich *(Mai–Mitte Sept. Mo–Sa 8.30 und 17 Uhr, Mitte Sept.–April Di–So 8.30 und 15 Uhr, Abfahrt im Besucherzentrum Acebuche, 93 km von Sevilla, am westlichen Rand Doñanas, Plätze rechtzeitig reservieren, Tel. 959 43 04 32, 20 Euro).* Das Zentrum mit vielen Infos über den Park ist täglich *(8–19 Uhr)* geöffnet *(www.parquenacionaldonana.com).*

La Rábida **[116 B–C4]**

In dem Franziskanerkloster (92 km westlich von Sevilla) an der Mündung des Río Tinto plante Kolumbus seine Entdeckungsfahrt. Heute erinnert ein sehenswertes *Museum (Di–Sa 10–13 und 16–18.15 Uhr (Aug. 10.45–20 Uhr), So 10.45–13 Uhr, Eintritt mit Audioführung 3 Euro)* vor allem an die Vorgeschichte der Überfahrt und die notwendigen diplomatischen Winkelzüge, um Königin Isabella ihr Ja zur Reise abzuringen. Auch Nachbauten der drei winzigen Schiffe »Pinta«, »Niña« und »Santa María«, mit denen die Abenteurer am 3. Aug. 1492 in See stachen, sind am Ufer des Río Tinto zu bestaunen *(April–Sept. Di–Fr 10–14 und 17–21 Uhr, Sa und So 11–20 Uhr, Okt.–März Di–So 10–19 Uhr, Muelle de las Carabelas, Eintritt 3 Euro).*

El Rocío **[117 D5]**

Der berühmte Wallfahrtsort (150 Ew., 78 km südwestlich von Sevilla) strahlt mit seinen Sandwegen und den Holzveranden vor den Häusern Wildwestcharme aus. In der schlichten weißen Wallfahrtskirche leuchten die goldenen Gewänder der Virgen del Rocío. Gleich hinterm Dorf waten Flamingos durch die *marismas.* Gute regionale Küche zu moderaten Preisen bekommen Sie im Restaurant *Toruño (Mi–Mo 13.30–16 und 20.30–23 Uhr, Plaza del Acebuchal, s/n, Tel. 959 44 24 22, €€).* Nebenan liegt das gleichnamige *Hotel* in der typischen Bauweise des Dorfes *(30 Zi., Plaza del Acebuchal, 22, Tel. 959 44 23 23, Fax 959 44 23 38, €€, in der Pfingstwoche erheblich teurer, Reservierung weit im Voraus nötig).*

Maurische Wunder, harte Natur

Im Osten erwarten Sie endlose Olivenhaine, schneebedeckte Gipfel, Wüste – und Granada

Der Osten Andalusiens – die Provinzen Jaén, Granada und Almería – fühlt sich manchmal vom Rest der Region vergessen. Die Hauptstadt Sevilla ist weit, die Verkehrsverbindungen sind mäßig. Besucher kommen dennoch in Scharen. Sie wollen den wertvollsten architektonischen Schatz der Maurenzeit sehen: die Alhambra in Granada. Doch es gibt mehr zu entdecken: In der Sierra de Cazorla (Provinz Jaén) entspringt der Guadalquivir, die Lebensader Andalusiens, und fließt nach einigen Umwegen gen Córdoba. An seinen Ufern und weit in die Berge hinein sind Bataillone von Olivenbäumen gepflanzt – mit Recht nimmt Jaén für sich den Titel der Weltolivenhauptstadt in Anspruch. Weiter im Südosten ist das Land selbst für die anspruchslosen Olivenbäume zu karg: Der Altiplano im östlichen Teil der Provinz Granada und die Provinz Almería sind Wüstenland – faszinierend fürs Auge, doch keine Freude für Ökologen. Im Kampf mit der widerstrebenden Natur haben clevere Agrarunternehmer die Küste Almerías in eine »Costa del Plástico« verwandelt. Kilometerweit ist das Land von Plastikplanen überzogen, unter denen Gemüse und Obst für Europa heranreifen – gepflegt und geerntet von Einwanderern aus Nordafrika und Lateinamerika. Und schließlich erhebt sich östlich von Granada der Mulhacén, mit 3478 m höchster Berg der Iberischen Halbinsel, inmitten der Sierra Nevada, deren Skigebiete nur 40 km Luftlinie von den Stränden der Costa Tropical entfernt liegen.

Blick vom Albaicín in Granada auf die Alhambra

Strand von Mojácar

CAZORLA

[121 E3] ★ Die Sonne brütet über den Tischen der Bars und Restaurants an der Plaza Santa María. Wer nach dem Mittagessen noch geblieben ist, hat sich einen Fleck im Schatten gesucht. Ein Mann nähert sich dem plätschernden Brunnen und füllt einen Plastikkanister mit kühlem Wasser. Die Zeit steht still. Die Ruine der Kirche Santa María wird hier ewig zu Füßen der Sierra ausharren, die sich in ihrem Rücken erhebt. Und das Castillo de la Yedra, ein Stück den Hang hinauf, bewacht die Ruhe. Cazorla (9000 Ew.) im Osten der Provinz Jaén ist eingebettet in Natur. Die Sierra de Cazorla, an deren Rand die beschauliche Stadt liegt, ist der größte Naturpark Spaniens. Auf 214 000 ha ist Platz für ausgedehnte Kiefern- und Steineichenwälder, für zahlreiche Flüsse und Stauseen, für alpines Gebirge und dürre Steppe. Auf der A 319 fahren Sie über den 1290 m hohen Puerto de las Palomas in den Naturpark hinein. Unternehmen Sie einen kleinen Spaziergang auf der Cerrada del Utrero oder eine mehrstündige Wandertour am Río Borosa entlang zur Laguna de Valdeazores! Für Autofahrer ist außerdem seit 2002 rund um den Stausee Embalse del Tranco im Herzen des Naturparks die touristische *Ruta Félix Rodríguez de la Fuente* (benannt nach einem populären Naturfilmer) ausgeschildert, an der sechs Aussichtspunkte zum Halt einladen. Lohnend ist schließlich auch ein Ausflug zur Quelle des Guadalquivir, der nicht weit von Cazorla entspringt.

ESSEN & TRINKEN

Juan Carlos
Spezialisiert auf Wild. *Tgl. 13.30 bis 16 und 20.30–23 Uhr, Plaza Consuelo Mendieta, 2, Tel. 953 72 12 01,* **€–€€**

La Sarga
Bestes Restaurant am Ort. Traditionelle, regionale Küche. *Okt.–Aug. Mi–Mo 13.30–16 und 20.30 bis 22.30 Uhr, Plaza del Mercado, s/n, Tel. 953 72 15 07,* **€–€€**

ÜBERNACHTEN

Betis
Einfaches Hostal in zentraler Lage. *14 Zi., Plaza Corredera, 19, Tel. 953 72 05 40,* **€**

Ciudad de Cazorla
Das Haus bietet modernen Komfort und schlichten Charme. *35 Zi., Plaza Corredera, 9, Tel. 953 72 17 00, www.rlhoteles.com,* **€€**

Molino La Farraga Insider Tipp
Nah der Altstadt, mitten in der Natur: eine Wassermühle als Pension. 100 m Fußweg! *8 Zi., Camino de la Hoz, Tel. 953 72 12 49, www.molinolafarraga.com,* **€€**

Parador
Mitten im Naturpark, von dichtem Kiefernwald umgeben, 24 km von Cazorla. *33 Zi., Tel. 953 72 70 75, Fax 953 72 70 77,* **€€€**

AUSKUNFT

Quercus
Private Touristeninfo, die zugleich Ausflüge jeder Art in die Sierra organisiert *(tgl. 10–14 und 17–20 Uhr, Plaza de la Constitución, 15, Tel. 953 72 01 15, www.excursionesquercus.com).* Quercus betreibt auch den Infostand im Besucherzentrum des Naturparks *Torre del Vinagre (Juli–Sept. tgl. 10–14.30 und 17–20 Uhr, Okt.–Juni tgl. 11–14 und 16–18 Uhr, A 319, Km 48,8).*

GRANADA

Karte in der hinteren Umschlagklappe

[125 E3] Samstagabend auf der Carrera del Darro. Nachtschwärmer haben die schmale Straße erobert, Sprachschüler, Studenten, junge Spanier und Ausländer. Lachend, schwatzend oder verliebt Arm in Arm ziehen sie von Bar zu Bar. Dazwischen Touristen, die sich treiben lassen vom fröhlichen Geschiebe und von der Magie der Granadiner Nacht. Hoch über der Straße scheint die Alhambra, in weiches Scheinwerferlicht getaucht, voller Nachsicht über dem ausgelassenen Treiben zu schweben. Und still der Festung gegenüber liegt das Labyrinth des Albaicín, des alten maurischen Viertels.

Granada (270 000 Ew.) ist lebendige Universitätsstadt und zugleich Hüterin einer kostbaren Vergangenheit. Während im Laufe des 13. Jhs. große Teile Spaniens, darunter auch Córdoba und Sevilla, in christliche Hand fielen, schloss Muhammad I. vom Geschlecht der Nasriden einen Pakt mit den Christen, der ihm erlaubte, in Granada ein moslemisches Königreich zu gründen. Die folgenden 250 Jahre blieb Granada eine Insel der Zivilisation im finsteren Europa des Mittelalters. Als Zeichen ihrer kulturellen Überlegenheit hinterließen die Nasriden ihren Königspalast, die Alhambra, deren Bau Muhammad I. 1238 befahl.

Doch schließlich war der Eroberungswille der Christen stärker als alle verfeinerte Lebensart: Am 2. Januar 1492 übergab Spaniens letzter moslemischer Herrscher Boabdil den siegreichen, später so genannten Katholischen Königen Isabella von Kastilien und Ferdinand von Aragón die Schlüssel seiner Stadt.

Die Alhambra ist einer der schönsten Paläste der Welt, das herausragende Denkmal des andalusischen Islam. Mehr als 2 Mio. Menschen kommen jedes Jahr, um die-

MARCO POLO Highlights »Der Osten«

★ **Alhambra**
Der alte Königspalast der Nasriden in Granada (Seite 50)

★ **Alpujarras**
Weiße Dörfer, verloren in den Bergen der Sierra Nevada (Seite 56)

★ **Cazorla**
Kleine Stadt neben großem Naturpark (Seite 47)

★ **Albaicín**
Das labyrinthische Maurenviertel Granadas (Seite 50)

★ **Úbeda und Baeza**
Die schönsten Renaissancestädte des Landes (Seite 60)

★ **Parque Natural Cabo de Gata**
Schroffe Natur und kleine, traumhafte Strände (Seite 59)

ses Weltkulturerbe der Menschheit zu sehen. Doch der Tourismus hat die Stadt nicht unterworfen – die Stadt ist es, die die Touristen nicht mehr loslässt. Kein Ort in Andalusien lädt neben Sevilla so sehr zum Bleiben ein. Wer sich der Stadt von Westen nähert, ist schon verzaubert: Granada liegt auf 685 m Höhe wohlbehütet unter den Gipfeln der Sierra Nevada, die bis weit in den Frühling hinein von Schnee bedeckt sind. Allein der lange Weg durch die verbauten Vorstädte kühlt die Begeisterung ein wenig ab – doch dieses Übel teilt Granada mit allen spanischen Großstädten.

SEHENSWERTES

Beginnen Sie den Tag mit einem frisch gepressten Orangensaft im *Café Lisboa* an der *Plaza Nueva*. Von hier aus sind alle Sehenswürdigkeiten bequem zu erreichen.

Albaicín

★ Auf dem Berg gegenüber der Alhambra, der heute vom Albaicín (auch: Albayzín) eingenommen wird, liegt die Keimzelle Granadas. Hier siedelten seit dem 7. Jh. v. Chr. Iberer, Römer und Westgoten. Doch erst ab dem 11. Jh., unter arabischer Herrschaft, erlangte der Ort Bedeutung. Das Viertel hat bis in unsere Tage sein maurisches Gepräge behalten, auch wenn kein einziges Gebäude aus jener Zeit mehr steht, abgesehen von den Resten der Stadtmauern und ihrer Tore (wie die *Puerta de Elvira* am nordwestlichen Fuß des Albaicín). Mit der Vertreibung der Morisken (der zwangsgetauften Araber) Ende des 16. Jhs. verfielen viele Häuser; an deren Stelle baute man größere Anwesen mit mauerumstandenen Gärten, *carmen* genannt, für die der Albaicín heute berühmt ist.

Keine Sorge, Sie gehen in dem heillosen Gassengeflecht nicht verloren: Bergauf nähern Sie sich dem Herzen des Viertels, bergab geht es zurück in die Innenstadt. Mit ein wenig Entdeckergeist macht es gerade Spaß, ziellos durch die engen Straßen zu streifen, eine Treppe ins Ungewisse zu erkunden und zwischen den weiß gekalkten Häusern hin und wieder die Orientierung zu verlieren. Der Stadtteil ist etwas vernachlässigt, doch ein Aufschwung, mit neuen Restaurants und ein paar kleinen Hotels, ist spürbar. Die lebendigsten Plätze sind die *Placeta de San Miguel Bajo* und die schattige *Plaza Larga*. Vom *Mirador San Nicolás* bietet sich ein unübertroffener Blick auf die Alhambra.

Alhambra

★ Wie ein Schatz ist das Innere der Alhambra hinter mächtigen, schmucklosen roten Mauern verborgen. Sie umschließen eine Anlage aus mehreren, ganz unterschiedlichen Teilen. Am westlichen Ende liegen zunächst die Reste der Alcazaba, des Festungs- und Verwaltungsbereichs. Vom *Torre de la Vela* genießen Sie doppelten Ausblick: im Norden auf den Albaicín, im Süden auf die Sierra Nevada. Doch das Herzstück der Alhambra sind die *Palacios Nazaríes* (Nasriden-Paläste). Wer ihren Eingang durchschritten hat, erhält eine Ahnung kommender Pracht im *Mexuar* (Audienz- und Gerichtssaal) und dem *Cuarto Dorado* (Goldenen Zimmer). Daran schließt sich der erste Höhepunkt des Palastbesuchs an: der *Patio de los Arrayanes* (Myrtenhof) mit angrenzender *Sala de los Embajadores* (Botschaftersaal). Unter der traumhaften Artesonadodecke aus Tausenden von Zedernholzplättchen stand vermutlich der Thron der Nasriden-Könige. Weiter geht es zum *Patio de los Leones* (Löwenhof), dem beliebtesten Fotomotiv der Alhambra. Zwölf klobige steinerne Löwen stehen in der Mitte des Hofs Hinterteil an Hinterteil unter einem runden Marmorbecken. Magische Pracht entfaltet die *Sala de los Abencerrajes:* Die Kuppel scheint ein Meer von gipsernen Waben, aus denen weißer Honig herabtropft, im Fallen erstarrt. Verschwommen spiegelt sich das Bild im zwölfeckigen Brunnen auf dem Boden des Saals wider.

Der nasridische Zauber hat ein Ende, wenn Sie den *Palast Karls V.* betreten, den dieser ab 1526 in die Alhambra hineinbauen ließ. Der maßlose Renaissancebau, außen quadratisch, innen rund, beherbergt heute das Museum der Schönen Künste Granadas.

Innerhalb der Mauern der Alhambra ist auch der stets ausgebuchte *Parador* untergebracht; in dessen Bar finden Sie kühle Ruhe. Schließlich lohnt sich ein Besuch der blühenden Gärten rund um den Sommerpalast *Generalife* im Rücken der Alhambra.

Ersparen Sie sich frühes Aufstehen, unnötige Warterei und vielleicht die Frustration, die Alhambra wegen begrenzter Besucherzahl (tgl. 7700) überhaupt nicht betre-

Der Löwenhof der Alhambra. Tierskulpturen sind im Islam sonst verpönt

ten zu dürfen: Kaufen Sie Ihre Eintrittskarte bis zu ein Jahr im Voraus in jeder Filiale der Bank BBVA in ganz Spanien – oder telefonisch (per Kreditkarte) unter *902 22 44 60*, vom Ausland unter *0034/ 915 37 91 78* oder per Internet *www.alhambratickets.com.* Karten für denselben Tag erhalten Sie an der Kasse am Eingang zur Alhambra – wenn das Kontingent nicht schon erschöpft ist. Einlass in die Palacios Nazaríes nur zur aufgedruckten Uhrzeit, der Aufenthalt danach ist nicht begrenzt. *März bis Okt. tgl. 8.30–20 Uhr, Nachtbesuch (Palacios Nazaríes) Di–Sa 22–23.30 Uhr, Nov.–Feb. tgl. 8.30–18 Uhr, Nachtbesuch Fr–Sa 20–21.30 Uhr, Eintritt 8 Euro, über BBVA/Internet 8,88 Euro*

Capilla Real
In der schlichten Königlichen Kapelle an der Seite der Kathedrale liegen seit 1521 die Katholischen Könige Isabella von Kastilien und Ferdinand von Aragón bestattet. Daneben die Grabmale ihrer Tochter Johanna der Wahnsinnigen und von deren Ehemann Philipp dem Schönen. Im Eingang hängt die Kopie eines Gemäldes aus dem 19. Jh., das Boabdil bei der Übergabe der Stadtschlüssel an Ferdinand zeigt. *Tgl. 10.30–13 Uhr und April bis Okt. 16–19 Uhr, Nov.–März 15.30–18.30 Uhr, Eingang von der C/Oficios, Eintritt 3 Euro*

Catedral
Dicht umringt von den Häusern der Stadt, fehlt es der Kathedrale *Santa María de la Encarnación* an Platz, um Betrachter mit ihrem Äußeren zu beeindrucken. Dafür bietet die erste spanische Renaissancekathedrale, Werk vor allem des Baumeisters Diego de Siloé, im Innern viel Raum. Bemerkenswert die runde *Capilla Mayor*, 22 m im Durchmesser und 45 m hoch. *April–Okt. Mo–Sa 10.45–13.30 Uhr und tgl. 16–20 Uhr, Nov.–März Mo–Sa 10.45–13.30 Uhr und tgl. 16–19 Uhr, Eintritt 3 Euro*

Monasterio de la Cartuja
Der Bau des Kartäuserklosters wurde 1514 begonnen, doch erst 1794 abgeschlossen. Herausragendes Beispiel für den überbordenden spanischen Barock. *Mo–Sa 10–13 Uhr, So 10–12 Uhr, tgl. 16–20 (Nov. bis März 15.30–18.30) Uhr, Paseo de la Cartuja, etwas außerhalb nördlich der Innenstadt, Eintritt 3 Euro*

Plaza Bib-Rambla
Das Herz der geschäftigen Innenstadt, ein Platz zum Kaffeetrinken. Cardenal Cisneros, Beichtvater Isabellas, inszenierte hier 1499 eine gigantische Bücherverbrennung, der ein Großteil der arabischen Schriften von Al-Andalus zum Opfer fielen. Erst brannten in Granada die Bücher, später die Menschen.

Plaza Isabel la Católica
Das Monument auf dem Platz zwischen Gran Vía de Colón und C/Reyes Católicos zeigt Kolumbus im Gespräch mit Königin Isabella, die ihm am 17. April 1492, ein gutes Vierteljahr nach der Einnahme Granadas, ihr Einverständnis zum Aufbruch gen Westen gab.

MUSEEN

Huerta de San Vicente
In dem Landhaus am Stadtrand von Granada lebte und arbeitete Federi-

co García Lorca von 1925 bis zu seiner Ermordung 1936. Das Haus ist mit Originalmöbeln wie zu Lebzeiten des Poeten eingerichtet *(geführte Besuche April–Juni, Sept. Di bis So 10–12.30 und 17–19.30 Uhr, Juli–Aug. Di–So 10–15 Uhr, Okt.–März 10–12.30 und 16 bis 18.30 Uhr, C/Virgen Blanca, s/n, www.huertadesanvicente.es, Eintritt 1,80 Euro).* Wer sich auf die Spuren des Dichters begeben will, fährt nach *Fuente Vaqueros* (18 km westlich von Granada), wo in seinem Geburtshaus ebenfalls ein Museum *(Einlass Juli–Aug. Di–So 10, 11, 12, 13 und 14 Uhr, Sept.–Juni Di–So 10, 11, 12 und 13 Uhr, April–Juni und Sept. auch Di–So 17, 18 und 19 Uhr, Okt.–März auch Di–So 16, 17 und 18 Uhr, Eintritt 1,80 Euro)* eingerichtet ist. Am Ortsrand von *Alfacar* (8 km nordöstlich von Granada) liegt Lorca vermutlich begraben; dort erinnert der *Parque Federico García Lorca* an die Opfer des Spanischen Bürgerkriegs (1936–1939).

ESSEN & TRINKEN

Insider Tipp

Carmen Verde Luna

Von der Gartenterrasse haben Sie einen herrlichen Blick auf die Alhambra. Gleich beim Mirador San Nicolás. Granadiner Küche. *April–Okt. Di–So 13–16 und 20 bis 23.30 Uhr, Camino Nuevo de San Nicolás, 16, Tel. 958 29 17 94,* €€

Corrala del Carbón

Fleisch vom Grill und gute Tapas in einem überdachten Patio. Neben der Touristeninfo. *Tgl. 12.30–16 und Mo–Sa 20.30–24 Uhr, Juli, Aug. So geschl., C/Mariana Pineda, 8, Tel. 958 22 38 10,* €€

An der Plaza Bib-Rambla

Las Cuevas de Khayyam

Preiswerte Speisen vom Holzofen für jeden Geschmack. Am Fuß des Albaicín. *Mi–Mo 13–17 und 20–24 Uhr, C/Calderería Nueva, 30, Tel. 958 22 68 33,* €

Mesón el Trillo

Eine baskische Köchin bringt die beste spanische Küche auf den andalusischen Tisch – und das zu zivilen Preisen in einem Albaicín-Haus mit *carmen. Tgl. 13.30–16 und 20–24 Uhr, Callejón Aljibe de Trillo, 3, Tel. 958 22 51 82,* €€

La Pesquería

Das beste Fischlokal am Ort. Hinter der Kathedrale gelegen. *Di–So 12.30–16.30 und Di–Sa 20.30 bis 24 Uhr, C/Capuchinas, 14, Tel. 958 52 15 55,* €€

Las Tinajas
Bestes Restaurant der Stadt, andalusische Küche in gemütlicher Atmosphäre, etwas außerhalb südwestlich der Innenstadt. *Mitte Aug. bis Mitte Juli tgl. 12.30–16.30 und 20 bis 0.30 Uhr, C/Martínez Campos, 17, Tel. 958 25 43 93,* **€€€**

EINKAUFEN

Zwischen Kathedrale und Plaza Bib-Rambla machen sich die Gebäude der *Alcaicería,* des alten Marktes, breit, der sich heute auf Schmuck und Kunsthandwerk für Touristen spezialisiert hat. Ein ähnliches Angebot finden Sie beim Aufgang zur Alhambra in der *Cuesta de Gomérez;* hier werden auch Gitarren angefertigt.

Basaratmosphäre herrscht auf den Straßen *Calderería Nueva* und *Calderería Vieja* am Fuß des Albaicín, wo zwischen Teestuben und Restaurants viele Läden zum Stöbern einladen. Als Mitbringsel zu empfehlen sind Tee und feines Teegeschirr.

ÜBERNACHTEN

Britz
Zentral gelegene Pension. *22 Zi., Cuesta de Gomérez, 1, Tel. und Fax 958 22 36 52,* **€**

Carmen de Santa Inés
Urgemütliches Haus im Albaicín, kleine, stilvoll eingerichtete Zimmer mit Blick auf die Alhambra oder den Garten. *9 Zi., C/San Juan de los Reyes, 15, Tel. 958 22 63 80, www.carmensantaines.com,* **€€€**

Casa del Aljarife Insider Tipp
Der Deutsche Christian Most hat ein Albaicín-Haus aus dem 17. Jh. in eine feine Pension verwandelt. *4 Zi., Placeta de la Cruz Verde, 2, Tel. und Fax 958 22 24 25, www.granadainfo.com/most,* **€€€**

Macía Plaza
Funktionales Zweisternehaus mitten in der Stadt. *44 Zi., Plaza Nueva, 4, Tel. 958 22 75 36, www.maciahoteles.com,* **€€**

Boabdil

Der traurige Maurenkönig von Granada

Nach der Übergabe Granadas 1492 an die christlichen Eroberer Isabella und Ferdinand zog der letzte Maurenherrscher gen Süden davon. Nach 15 km warf der Nasridenkönig von einer Anhöhe einen letzten Blick auf die verlorene Stadt und brach in Tränen aus. »Beweine nicht wie eine Frau, was du nicht verteidigen konntest wie ein Mann«, soll ihm da seine Mutter vorgehalten haben. *Suspiro del Moro* wird der Berg deshalb noch heute genannt, »Seufzer des Mauren«. Doch das Bild vom bedauernswerten König, der sich kampflos ergab, um seine Stadt vor der Zerstörung zu retten, ist zumindest unvollständig: Sein Weg an die Macht in Granada war ein Weg voller Ränkespiele und Verrat.

Palacio de Santa Inés
Mudéjar-Palast (frühes 16. Jh.) am Fuß des Albaicín, heute edles Hotel. *6 Zi., 5 Suiten, Cuesta de Santa Inés, 9, Tel. 958 22 23 62, www.palaciosantaines.com, €€€*

Parador
Kleiner Parador inmitten der Alhambra. Sehr teuer und oft schon monatelang ausgebucht. Eben ein Traum. *36 Zi., Tel. 958 22 14 40, Fax 958 22 22 64, €€€*

Plaza Isabel
Einfach, sauber, absolut preiswert, Gemeinschaftsbad. *6 Zi., C/Colcha, 13, Tel. 958 22 30 22, €*

FREIZEIT & SPORT

Hammam
Modernes Badehaus, das die Besucher mit seinen Mosaiken, seinen Düften und dem beruhigenden Plätschern des Wassers in die Nasriden-Zeit zurückversetzt. *Einlass tgl. zwischen 10 und 23 Uhr, C/Santa Ana, 16, unbedingt reservieren, Tel. 958 22 99 78, www.hammamspain.com, Eintritt 13 Euro, mit Massage 20 Euro*

AM ABEND

Rund um die Plaza Nueva, C/Elvira und Carrera del Darro ist am Wochenende besonders viel los. Ein paar Treppen die Cuesta de la Churra hinauf liegt in einem Gewölbe die Tanzbar *Huerto del Loro.* Jungvolk versammelt sich in der C/Pedro Antonio de Alarcón nahe der Plaza Albert Einstein im Südwesten der Innenstadt. Etwas ruhiger (und erwachsener) geht es am Campo Príncipe zu.

Flamenco
In den Höhlen von Sacromonte hinter dem Albaicín liegen die Flamencolokale. Zum Service gehören die einstündige Show, Abholen vom Hotel und Führung durch den Albaicín. Empfehlenswerte Bühnen: *Zambra Gitana La Rocío (tgl. 22 Uhr, Sacromonte, 70, Tel. 958 22 71 29, Eintritt 23 Euro), Venta El Gallo (Barranco de los Negros, 5, Tel. 958 22 05 91, Eintritt 23 Euro).*

AUSKUNFT

Oficina de Turismo
Im *Corral del Carbón,* der einzigen erhaltenen Karawanserei Spaniens. *Mo–Sa 9–19 Uhr, So 10–14 Uhr, Tel. 958 22 59 90, www.granadatur.com, www.granadainfo.com*

ZIELE IN DER UMGEBUNG

Almuñécar [125 E5]
Beliebter Badeort (22 000 Ew., 78 km südlich von Granada) an der Costa Tropical (Mittelmeerküste der Provinz Granada). Die langen sauberen Kieselstrände sind ziemlich verbaut; dafür lädt die Altstadt zu Spaziergängen zwischen weiß gekalkten Häusern ein. Über dem Ort liegt die alte maurische Festung *Castillo San Miguel.* Sehr gut in einem Restaurant am Strand essen Sie im *Boto's (Playa San Cristóbal, Aug. tgl. 12–17 und 20–24 Uhr, Sept.–Juli Mi–Mo 12–16 und 20 bis 23 Uhr, Tel. 958 63 30 79, €€).* Almuñecars schönstes Hotel ist das *Casablanca (35 Zi., Plaza San Cristóbal, 4, Tel. 958 63 55 75, €€),* fast alle Zimmer mit Blick aufs Meer und das Castillo San Miguel. Auskunft: *Oficina de Turismo im*

Palacete de la Najarra (tgl. 10–14 und 18–21, Okt.–März 16–19 Uhr, Avda. de Europa, Tel. 958 63 11 25, www.almunecar.info).

Alpujarras **[125 F4]**

★ Verloren in der phantastischen kargen Berglandschaft auf der Südseite der Sierra Nevada liegen Dutzende Dörfer aus maurischer Zeit. Die Siedler brachten ihre Erfahrungen aus dem marokkanischen Atlasgebirge mit, legten kunstvoll bewässerte Terrassenfelder an und hinterließen eine in Andalusien einmalige Architektur. Die flachen Schieferdächer der Häuser sind mit *launa* bedeckt, einer schwarzen Erde, die das Regenwasser aufnimmt. Das bringt die Dörfer in eine seltene Harmonie mit ihrer Umgebung.

Ein lohnender Ausflug führt ins Tal des Poqueira (67 km von Granada), in dem sich die drei Dörfer *Pampaneira, Bubión* und *Capileira* stets gegenseitig im Blick haben. Steile, felsgepflasterte Gassen, in deren Mitte sich breite Regenkanäle öffnen, winden sich zwischen weißen Häusern die Berge hinauf.

Besichtigen Sie in Bubión die *Casa Alpujarreña* an der Plaza Iglesia, ein Alpujarra-Haus eingerichtet wie zu Beginn des 20. Jhs. Dem 59-jährigen Museumsführer Julio bringt sein Arbeitsplatz nur traurige Erinnerungen: an seine bettelarme Kindheit in einem dieser Häuser, der er 1970 nach Lausanne als Gastarbeiter entfloh. Erst der Tourismus der vergangenen 25 Jahre hat die Alpujarras aus ihrer Rückständigkeit befreit.

In Capileira finden Sie das gemütliche vegetarische Restaurant *Ibero (tgl. 19–22.30 Uhr, C/Parra,*

Bubión in den Alpujarras – weiße Häuser mit schwarzer launa bedeckt

1, Tel. 958 76 32 56, €). Als Andenken beliebt sind die *jarapas,* eine Art Flickenteppich. Ein schönes Hotel am Ortsrand von Capileira ist die *Finca los Llanos (40 Zi., Ctra. de Sierra Nevada, Tel. 958 76 30 71, €€).* Auskunft in Pampaneira: *Centro de Visitantes (tgl. 10–14 Uhr und April–Okt. Di bis Sa 17–19 Uhr, Nov.–März Di bis Sa 16–18 Uhr, Plaza Libertad, Tel. 958 76 31 27).* Hier erhalten Sie auch Informationen über Wanderrouten durch die Berge.

25 km weiter im Osten liegt *Trevélez,* höchstgelegener Ort Spaniens (1480 m), berühmt für seinen luftgetrockneten Schinken.

Guadix **[125 F3]**

Ein erst verwirrender, dann faszinierender Anblick: Weiß gekalkte Schornsteine ragen aus der braunen Landschaft, Häuserfassaden kleben an Felsen – an die 1300 Höhlenwohnungen verteilen sich über den Stadtteil Santiago in Guadix (20 000 Ew., 58 km östlich von Granada). Schon in vorrömischen Zeiten gruben sich die Menschen hier in die Erde; heute sind die Höhlen komfortabel ausgestattet und halten noch immer ihre Bewohner im Winter warm und im Sommer kühl. Folgen Sie der Beschilderung »Barriada de Cuevas«. Außerdem sehenswert sind die maurische *Alcazaba* und die *Kathedrale* (15. Jh.). Zum Essen und Übernachten bietet sich das gepflegte *Comercio (42 Zi., Restaurant tgl. 13.30–16 und 20.30 bis 22.30 Uhr, C/Mira de Amezcua, 3, Tel. 958 66 05 00, €€)* an. Auskunft: *Oficina de Turismo (Mo–Fr 9–18 Uhr, Sa 10–14 Uhr, Avda. Mariana Pineda, s/n, Tel. 958 66 26 65).*

Ausflüge lohnen ins nahe *Purullena* (6 km westlich von Guadix), das neben Höhlenwohnungen auch gefragte Keramik bietet, und nach *Lacalahorra* (15 km südlich von Guadix) mit seiner Renaissanceburg, hinter deren Außenmauern sich ein eleganter Hof verbirgt.

Salobreña **[125 E5]**

Ein strahlendes weißes Dorf (10 000 Ew., 62 km südlich von Granada) auf einem kleinen Felsmassiv an der Costa Tropical. Enge, steile Straßen winden sich zwischen blumengeschmückten Häusern den Berg hinauf, der von einem arabischen *Castillo* (13. Jh.) gekrönt ist. Rundum wächst Zuckerrohr, doch die Ebene bis zum Strand verliert mit jedem neuen Hotel und jedem Apartmenthaus immer mehr ihren alten Charme. Hoch oben in der Altstadt liegt mit schöner Dachterrasse das Restaurant *Pesetas (Di–So 12.30 bis 15.30 und 19–24 Uhr, C/Bóveda, Tel. 958 61 01 82, €),* spezialisiert auf gegrillten Fisch. Ein gepflegtes, familiäres Hostal am Fuß der Altstadt: *San Juan (14 Zi., C/Jardines, 1, Tel. 958 61 17 29, www.hotel-san-juan.com, €).* Auskunft: *Oficina de Turismo (Juli–Aug. tgl. 10–14 und 17–20 Uhr, Sept.–Juni Di–Sa 9.30–13.30 und 16–19 Uhr, Plaza Goya, s/n, Tel. 958 61 03 14).*

Insider Tipp

Sierra Nevada **[125 E–F4]**

Im »Verschneiten Gebirge« bei Granada erheben sich die höchsten Berge des spanischen Festlands, der Mulhacén (3482 m) und der Pico de Veleta (3398 m) – ideal für Skifahrer und Wanderer. Auskunft: *Centro de Interpretación del Parque Nacional »El Dornajo« (April bis Okt. tgl. 10–14.30 und 16.30 bis 19.30 Uhr, Nov.–März tgl. 10–14 und 16–18.30 Uhr, Ctra. de la Sierra Nevada, Km 23, Tel. 958 34 06 25).*

MOJÁCAR

[127 F4] Seit maurischen Zeiten liegen hier die weißen Häuser an den Flanken einer Anhöhe, von der sich ein weiter Blick über das nahe Mittelmeer bietet. Der romantische Ort hätte beinah das Schicksal vieler spanischer Dörfer erfahren, die in den Jahren größter Armut nach dem Spanischen Bürgerkrieg von ihren Bewohnern verlassen wurden. Die Einwohnerzahl von Mojácar fiel auf 350. Erst mit der Ankunft der Touristen wuchs das Städtchen zu neuer Größe heran und zählt heute wieder 5000 Köpfe. An der Küste, 2 km vom alten Ortskern entfernt, drängeln sich Hotels, Bars und Restaurants, doch noch nicht so klotzig wie an der Costa del Sol. Vor ihrer Haustür liegt ein immer noch etwas wilder, 7 km langer Sandstrand; ein bisschen außerhalb lassen sich verträumte Buchten finden.

ESSEN & TRINKEN

Insider Tipp

Bar Sopalmo

Eine kleine Dorfgaststätte im Weiler *Sopalmo* an der wenig befahrenen Landstraße Richtung Carboneras, 5 km westlich von Mojácar. Chef Cristóbal hat 1980 eine Akazie neben den Eingang gepflanzt, unter deren Blätterdach heute Tische auf ein Bier oder zum Mittagessen einladen. Aus Richtung Mojácar kommend gleich links hinter der Bar führt ein Feldweg hinab zu wilden, einsamen Stränden. *Tgl. 8–2 Uhr, Tel. 950 13 08 02,* €

Casablanca

Villa am Strand mit Gartenterrasse. Ausgefeilte spanische Küche. *Semana Santa–Nov. Mi–Mo 20–24 Uhr, sonst Mi–Mo 14–16 und 20–23 Uhr, Paseo Mediterráneo, 383, Tel. 950 47 24 74,* €€–€€€

Novecento

Feines italienisches Restaurant. Nahe der Playa de las Ventanicas. *Tgl. 20–24 Uhr, Llanos del Abejorro, 1, Tel. 950 47 26 17,* €€

ÜBERNACHTEN

Casa Justa

Gemütliche familiäre Pension mit Dachterrasse. *17 Zi., C/Morote, 5 (im Ort), Tel. 950 47 83 72,* €

Mamabel's

Insider Tipp

Eines der schönsten kleinen Hotels Andalusiens. Kein Zimmer gleicht dem anderen, doch alle sind mit exquisitem Geschmack eingerichtet. Empfehlenswertes Restaurant. *9 Zi., C/Embajadores, 5 (im Ort), Tel. und Fax 950 47 24 48, www.mamabels.com,* €€

Parador

Moderne Anlage am Strand. *98 Zi., Playa de Mojácar, Tel. 950 47 82 50, Fax 950 47 81 83,* €€€

AUSKUNFT

Oficina de Turismo

Mo–Fr 10–14 und 17–20 Uhr (Nov.–April 17–19.30 Uhr), Sa 10.30–13.30 Uhr, Plaza Nueva, Tel. 950 47 51 62

ZIELE IN DER UMGEBUNG

Almería **[127 D5]**
Größte Attraktion der Provinzhauptstadt (165 000 Ew., 90 km südwestlich von Mojácar) ist die *Alcazaba,* die umfangreichste maurische Festung Spaniens, deren Bau der erste Kalif von Córdoba, Abd Ar Rahman III., 955 anordnete. Von der Anlage sind heute noch die drei beeindruckenden Mauerringe mit ihren Türmen erhalten, die sich den Stadthügel San Cristóbal (70 m) hinaufziehen *(April–Okt. Di–So 9–20.30 Uhr, Nov.–März Di–So 9–18.30 Uhr, Eintritt für EU-Bürger frei).*

Sehenswert ist auch die trutzige *Kathedrale* (16. Jh.), entworfen von Juan de Orea. Die *Casa Puga (Mo bis Sa 13–16 und 20.30–24 Uhr, C/Jovellanos, 7, €–€€)* ist eine der besten Tapasbars Andalusiens. Ausgangspunkt für einen Einkaufsbummel ist die Puerta de Purchena, von hier aus geht es in die C/Tiendas (Ladenstraße) oder den Paseo de Almería. Ein vornehmes, gar nicht teures Hotel ist das *AM Congress (42 Zi., C/Tenor Iribarne, 15, Tel. 902 23 49 99, www.amhoteles.com, €€).* Auskunft: *Oficina de Turismo (Mo–Fr 9–19 Uhr, Sa und So 10–14 Uhr, Parque Nicolás Salmerón, 11, Tel. 950 27 43 55).*

Cuevas de Sorbas **[127 E4]**
Der Río Aguas hat sich bei *Sorbas* (34 km westlich von Mojácar) in die Gipskarstlandschaft hineingefressen und ein phantastisches Höhlensystem entstehen lassen. Möglich sind drei geführte Entdeckungstouren unterschiedlicher Länge und Schwierigkeit, von der einfachen, zweistündigen »Basisroute« bis zur schwierigen vier- bis fünfstündigen »Technischen Route«, für die schon einiger Abenteuergeist nötig ist *(tgl. geöffnet, Voranmeldung ein bis zwei Tage im Voraus, Preis je nach Route 10,50 bis 36 Euro, Tel. 950 36 47 04, www.cuevasdesorbas.com).*

Parque Natural Cabo de Gata **[127 E–F 5–6]**
★ Das karge Land rund um das »Katzenkap«, 70 km südlich von Mojácar, wurde 1987 zum Naturpark erklärt, was seine schönen Strände und gemütlichen Dörfer vor den schlimmsten Bausünden bewahrt hat. Im touristischen Hauptort *San José* werden fleißig Ferienapartments gebaut, immerhin nie mehr als zwei Etagen hoch. Lohnend ist eine Auffahrt zum *Torre de Vigía Vela Blanca* (Insider Tipp) am südlichsten Zipfel des Naturparks; von hier haben Sie einen wunderbaren Blick hinab auf dunkelrote, weißgelbe oder steingraue Felsbuchten.

Das beste Restaurant der Gegend ist das *Morales* in der Siedlung *La Almadraba de Monteleva (tgl. 13.30–16 und 20.30–23.30 Uhr, Nov.–Feb. Mo geschl., €€);* dazu gehört das kleine Hotel *Las Salinas de Cabo de Gata* (Insider Tipp) *(20 Zi., Tel. 950 37 01 03, www.hotellassalinas.com, €€–€€€)* mit liebevoll eingerichteten Zimmern und Blick aufs Meer – eine luxuriöse Oase mitten in einer hitzeflirrenden Ebene. Weniger spektakulär (und dennoch charmant) ist das *Hostal Eldorado in San José (26 Zi., Ctra. Genoveses, Tel. 950 38 01 18, € bis €€).* Am wunderschönen Strand von *Aguamarga* am nordöstlichen Ende des Naturparks sind die Hotels zu teuer, aber das Verandarestaurant des Hotels *Family (tgl. 19–21 Uhr, So auch 13–15 Uhr, C/La Lomilla, Tel. 950 13 80 14, €€)* lohnt den Besuch. Auskunft: *Oficina de Turismo in San José (tgl. 10–14 und 17.30–21 Uhr, Okt. bis Mai 17–20 Uhr, C/Correos, s/n, Tel. 950 38 02 99). Besucherzentrum des Naturparks »Las Almoladeras« (Juli–Sept. tgl. 10–14 und 17.30–21.30 Uhr, Okt.–Juni Di–So 10–15 Uhr, Ctra. Cabo de Gata–Almería, Km 7, Tel. 950 16 04 35).*

Tabernas **[127 D4–5]**
Die Wüste von Almería dient seit den 1960er-Jahren als Spielfilmkulisse für Italowestern (»Spiel mir das Lied vom Tod«) und manchmal auch für deutsche Produktionen (»Der Schuh des Manitu«). Wenn gerade nicht gedreht wird, bieten drei Kulissendörfer Besuchern unterhaltsame Westernspektakel. Das bekannteste ist *Mini-Hollywood.* Gut ausgeschildert an der A 370 bei Tabernas, 70 km westlich von Mojácar *(April–Okt. tgl. 10–21 Uhr, Nov.–März Sa, So 10–19 Uhr, Tel. 950 36 52 36, Eintritt 17,90 Euro).* Weniger touristisch aufgeputzt sind die benachbarten Westerndörfer *Texas Hollywood* und *Pueblo Leone.*

Úbeda und Baeza

[121 D3 und 120 C3] ★ Die beiden schönsten Renaissancestädte Spaniens, 2003 von der Unesco zum Weltkulturerbe erklärt. Wenn Sie in Úbeda (32 000 Ew.) den Schildern zum Parador folgen, landen Sie an der *Plaza Vázquez de Molina,* umringt von architektonischer Herrlichkeit des 16. Jhs.: dem *Palacio de las Cadenas,* der Kirche *Santa María de los Reales Alcázares,* dem Kornspeicher *Antiguo Pósito,* der *Capilla del Salvador* und dem *Adelspalast des Deán Ortega,* in dem seit 1930 der Parador untergebracht ist. An der Capilla del Salvador vorbei gelangen Sie zur *Plaza Santa Lucía,* von der aus Sie über endlose Olivenhaine blicken.

Beeindruckender noch ist Baeza (16 000 Ew., 8 km westlich von Úbeda). Rund um die Plätze *Santa Cruz* und *Santa María* tauchen Sie in eine andere Welt ein, in der sich leicht vergessen lässt, in welchem Jahrhundert wir leben. Die alte *Universität,* der *Palacio de Jabalquinto* und die *Kathedrale* sind die herausragenden Gebäude der Altstadt. Nicht weit entfernt liegt die *Plaza del Pópulo* mit der *Antigua Carnicería* (alte Fleischerei), die heute das Stadtarchiv beherbergt.

MUSEUM

Museo de la Cultura del Olivo
Liebevoll eingerichtetes Museum in einer Hacienda aus dem 17. Jh., das in die Geheimnisse der Olivenölproduktion einführt. *Di–So 10.30 bis 13.30 und 16.30–19 Uhr, Hacienda La Laguna bei Puente del Obispo, 8 km südlich von Baeza, Eintritt 2,50 Euro*

ESSEN & TRINKEN

Juanito
In der ganzen Region für sein Olivenöl aus eigener Produktion berühmtes Restaurant, mit Hotel. *Tgl. 13–15.45 Uhr und Di–Sa 20–22.45 Uhr, Paseo Arca del Agua, Baeza, Tel. 953 74 00 40, €€€*

Fassade des Palacio de Jabalquinto in Baeza

EINKAUFEN

Insider Tipp

Alfarería Tito
Töpferwerkstatt und riesiger Verkaufsraum für andalusische Keramik. *Plaza del Ayuntamiento, 12, Úbeda, www.alfareriatito.com*

La Casa del Aceite
Hier gibt's das beste Olivenöl aus der Region. *Paseo de la Constitución, 9, Baeza und C/Juan Montilla, 3, Úbeda, www.casadelaceite.com*

ÜBERNACHTEN

Hospedería Fuentenueva
Das alte Frauengefängnis ist heute ein farbenfrohes Hotel. *12 Zi., Paseo Arca del Agua, Baeza, Tel. 953 74 31 00, www.fuentenueva.com,* €€

María de Molina
Hotel in altem Stadtpalast: Fast so vornehm wie der Parador nur ein paar Meter um die Ecke, aber einiges billiger. *20 Zi., Plaza del Ayuntamiento, Úbeda, Tel. 953 79 53 56, www.hotel-maria-de-molina.com,* €€–€€€

Insider Tipp

El Pomar
Gemütliches Landhaus mitten im Olivenhain, 25 km südlich von Baeza. *5 Zi., Landstraße Jimena-Albanchez, Km 2,2, Tel. 953 35 73 95,* €€

AUSKUNFT

Oficina de Turismo Baeza
Mo–Fr 9–18 Uhr, Sa 10–13 und 16–18 (Juli–Sept. 17–19) Uhr, So 10–13 Uhr, Plaza del Pópulo, Tel. 953 74 43 70

Oficina de Turismo Úbeda
Mo–Fr 9–19 Uhr, Sa, So 10–14 Uhr, C/Baja del Marqués, 4, Tel. 953 75 08 97

Kleine Fluchten aus den Bettenburgen

Der Süden ist liebstes Ziel des Massentourismus. Aber die schönsten Entdeckungen macht man nicht am Strand

Sonne, Sand und Meer ziehen Jahr für Jahr Millionen von Besuchern an die Strände der Costa del Sol und der Costa de la Luz zwischen Nerja und Sanlúcar de Barrameda. Doch der Reiz des andalusischen Südens mit den Provinzen Cádiz und Málaga liegt jenseits der Hotelburgen. In der Sierra de Grazalema verkörpern die Weißen Dörfer den Traum vom maurischen Süden. Mit ihrer wilden Schönheit kann nur das romantische Ronda auf seinem gespaltenen Felsplateau mithalten. Der Beiname »de la Frontera«, den viele Dörfer tragen, erinnert an die Zeit der Reconquista, als sich im heftig umkämpften Süden die Grenzen zwischen christlichem und maurischem Spanien ständig verschoben. Im Westen des andalusischen Südzipfels liegen Jerez und Cádiz.

An der Plaza Catedral in Cádiz

Cádiz

[122 A4] ★ Ganz Cádiz (157 000 Ew.) ist am frühen Abend auf dem Campo del Sur oder der Alameda de Apodaca unterwegs, um die Seeluft und die letzten Sonnenstrahlen über dem Meer zu genießen. Die älteste Stadt Europas (im 11. Jh. v. Chr. von den Phöniziern gegründet) ist an drei Seiten vom Atlantik umgeben und zum Wasser hin mit einem Mauerring befestigt. Nur im Westen liegt davor ein kleiner Strand. Innerhalb der Mauern prägen barocke Fassaden aus dem 17. und 18. Jh. das Stadtbild. Noch hat sich außerhalb Spaniens wenig herumgesprochen, dass Cádiz der ideale Ort ist, um Stadt- und Badeurlaub miteinander zu verbinden.

Playa Calahonda zu Füßen des Balcón de Europa in Nerja

Sehenswertes

Castillo de Santa Catalina

Festung aus dem 16. Jh. mit sternförmigem Grundriss am West-

Abendstimmung am Stadtstrand von Cádiz, der Playa de la Caleta

ufer der Stadt *(tgl. 10.30–18 Uhr, Eintritt frei)*. Nördlich liegt der kleine romantische *Parque Genovés*, südlich ins Meer hinausragend das *Castillo de San Sebastián*, das nicht besichtigt werden kann.

Catedral

Aus Sandstein, Jaspis und Marmor erbaut, ist die Kathedrale (1722 bis 1838, barocke und klassizistische Elemente) nicht so düster wie andere andalusische Kathedralen. Spaniens bedeutendster Komponist, der in Cádiz geborene Manuel de Falla (1876–1946), liegt in der Krypta begraben.

Im Eintrittspreis für die Kathedrale ist der lohnende Besuch des *Museo de la Catedral* eingeschlossen, das 2000 nebenan in der Casa de Contaduría an der Plaza Fray Félix eröffnet worden ist. *Di–Fr 10–13.30 und 16.30–18.15 Uhr, Sa 10–12.30 Uhr, Eintritt 4 Euro, Mi und Fr 19–20 Uhr und So 11–13 Uhr Eintritt frei*

Hospital de Mujeres

Im barocken ehemaligen Frauenhospital sind zwei schöne, grüne Innenhöfe zu besichtigen. In einer Seitenkapelle hängt das El-Greco-Gemälde »Die Ekstase des San Francisco«. *Mo–Sa 10–13.30 Uhr, C/Hospital de Mujeres, Eintritt für die Kapelle 0,80 Euro*

Oratorio de la Santa Cueva

Gotteshaus (17. Jh.) mit anrührend schlichter Passionskapelle im Untergeschoss und monumental klassizistischer Kapelle (u. a. drei Goya-Gemälde) im Obergeschoss. *Di–So 10–13 Uhr und Di–Fr 16.30–19.30 Uhr, C/Rosario, 10A, Eintritt 2 Euro*

Oratorio de San Felipe Neri

Eine der schönsten Barockkirchen Andalusiens. Ihre Grundform ist elliptisch. Durch die Kuppelfenster fällt flirrend das Tageslicht ein. Hier versammelten sich 1811/1812 die *Cortes* (Parlament), um die erste liberale Verfassung Spaniens zu entwerfen. Auf der Plaza España erinnert ein Denkmal an das schnell erstickte Aufkeimen der Demokratie. *Mo–Sa 10–13.30 Uhr, Plaza San Felipe Neri, Eintritt 1,20 Euro*

Torre Tavira

Der Aussichtsturm erhebt sich 45 m über das Meer. Eine Camera obscura bringt bewegte Bilder aus den Gassen auf eine Leinwand unterm Dach. *Mitte Juni–Mitte Sept. tgl. 10–20 Uhr, Mitte Sept. bis Mitte Juni tgl. 10–18 Uhr, C/Marqués del Real Tesoro, 10, Eintritt 3,50 Euro*

MUSEUM

Museo de Cádiz

Archäologisches und Kunstmuseum in einem Haus. Zu den Schätzen gehören zwei Sarkophage aus phönizischer Zeit (5. Jh. v. Chr.), eine in der römischen Kleinstadt Baelo Claudia beim heutigen Bolonia gefundene Trajan-Statue und Gemälde von Francisco de Zurbarán. *Di 14.30–20 Uhr, Mi–Sa 9–20 Uhr, So 9–14 Uhr, Plaza de Mina, s/n, Eintritt für EU-Bürger frei*

ESSEN & TRINKEN

El Aljibe

Insider Tipp

In einem liebevoll restaurierten Adelssitz ist ein urgemütliches Restaurant entstanden. Moderne Küche zu moderaten Preisen. *Tgl. 13.30–16.30 und 20.30–23.30 Uhr, C/Plocia, 25, Tel. 956 26 66 56,* €€

El Serrallo

Einfache Tapasbar und Restaurant, billig und gut. Spezialität: *papas aliñás* (Kartoffeln in würziger Gemüsesoße). *Tgl. 8–1 Uhr, Plaza del Mentidero, 1 (im Nordwesten der Innenstadt), Tel. 956 22 51 88,* €

Ventorrillo del Chato

Eines der besten Feinschmeckerrestaurants der Stadt. 2 km außerhalb des Zentrums an der Straße Richtung San Fernando. *Mo–Sa 13 bis 16.30 und 21–24 Uhr, Vía Augusta Julia, s/n, Tel. 956 25 00 25,* €€€

EINKAUFEN

Neben der Plaza de las Flores mit ihrem Blumenmarkt steht der *Mercado Central*, das klassizistische

MARCO POLO Highlights »Der Süden«

★ **Die Weißen Dörfer**
Glänzende Perlen zwischen mächtigen Bergen (Seite 85–87)

★ **Ronda**
Eine Stadt hält die Balance (Seite 79)

★ **Museo Picasso**
Málagas Hommage an seinen größten Sohn (Seite 73)

★ **Cádiz**
Altstadt mit feinsandigem Strand, fast eine Insel (Seite 63)

Marktgebäude. Das kulinarische Angebot ist verführerisch. Am meisten los ist *Di–Sa 10–14 Uhr.*

ÜBERNACHTEN

Bahía
Helles, gepflegtes Hostal in der Nähe der Plaza San Juan de Dios. *21 Zi., C/Plocia, 5, Tel. 956 25 90 61, Fax 956 25 42 08, €€*

Parador
Modernes Haus zwischen Castillo Santa Catalina und Parque Genovés. *149 Zi., Avda. Duque de Nájera, 9, Tel. 956 22 69 05, Fax 956 21 45 82, €€€*

San Francisco
Einfaches, sehr gepflegtes Hostal. *20 Zi., C/San Francisco, 12, Tel. 956 22 18 42, €*

STRÄNDE

Die nur 450 m lange Playa de la Caleta liegt am westlichen Ende der Altstadt. Die größere Playa de la Victoria (2500 m) findet sich an der Südseite der Landzunge, die Cádiz mit dem Rest Andalusiens verbindet. An beiden Stränden ist der Sand fein und das Wasser sauber.

AUSKUNFT

Oficina Municipal de Turismo
Mo–Fr 9–14 und 17–20 Uhr, Plaza San Juan de Dios, 11, Tel. 956 24 10 01

Oficina de Turismo de la Junta de Andalucía
Mo–Fr 9–19 Uhr, Sa und So 10 bis 13.30 Uhr, Avda. Ramón de Carranza, s/n, Tel. 956 25 86 46

CONIL DE LA FRONTERA

[122 B5] An der Plaza de España drängt sich der Verkehr durch die Puerta de la Villa an den Füßen der Straßencafégäste vorbei. Conil (15 500 Ew.) an der Costa de la Luz, einst den Rucksacktouristen und Sprachschülern vorbehalten, ist längst von den Reiseveranstaltern entdeckt worden und versucht langsam ein bisschen schicker zu werden. Doch davon ungerührt gehen die Bewohner weiter ihren alltäglichen Geschäften nach, was den Reiz des Ortes ausmacht. Das Beste: der kilometerlange, mehr als 250 m breite Sandstrand.

ESSEN & TRINKEN

Casa Manolo
Einfache, aber gute regionale Küche. Der Blick aufs Meer ist leider durch den Strandparkplatz eingeschränkt. *Juni–Sept. tgl., Okt.–Mai Do–Di 10–1 Uhr, Avda. de la Playa, s/n, Tel. 956 44 40 80, €*

La Fontanilla
Schön gelegenes, populäres Strandrestaurant mit Meeresspezialitäten. *Küche Juli, Aug.. tgl., Okt.–Mai Do bis Di 13–17 und 19.30–23.30 Uhr, Playa de la Fontanilla, s/n, Tel. 956 44 07 79, €€*

ÜBERNACHTEN

Torre de Guzmán
Familiäres Hostal im alten Dorf, mit gemütlichem Patio und gutem Restaurant. *14 Zi., C/Hospital, 5, Tel. 956 44 30 61, €, Juli, Aug. €€*

Venta Cabo Roche
Sympathisches Landhotel 5 km westlich von Conil. Ganz in der Nähe liegen die *Calas del Cabo de Roche*, kleine, feine Sandbuchten zwischen steilen Felswänden. *11 Zi., Ctra. del Puerto Pesquero, Km 3, Tel. 956 23 27 73,* **€–€€**

AUSKUNFT

Oficina de Turismo
Mitte Juni–Mitte Sept. Mo–Sa 9.30 bis 14 Uhr und Mo–Fr 18.30 bis 21.30 Uhr, Mitte Sept.–Mitte Juni Mo–Sa 9.30–14 Uhr, C/Carretera, 1, Tel. 956 44 05 01

ZIELE IN DER UMGEBUNG

Medina Sidonia **[122 C4]**
Wer die Plaza de la Iglesia Mayor hoch oben in der Stadt (11 000 Ew., 37 km nordöstlich von Conil) über ständig steiler steigende Gassen erreicht hat, wird bald mit einem Blick über die halbe Provinz Cádiz belohnt. Nur noch die Stufen des Kirchturms der *Iglesia Santa María la Coronada (Mai–Okt. tgl. 10–14 und 16–20 Uhr, Nov. bis April 10.30–14 und 16–18 Uhr, Eintritt 2,50 Euro)* aus dem 16. Jh. hinauf und dort die Aussicht bis zum Atlantik und bis zur Sierra de Grazalema genießen, deren weiße Dörfer wie verschneite Gipfel leuchten. Auf dem Kirchenvorplatz liegt das Touristenbüro *(tgl. 10–14 und Juni–Sept. 17–20 Uhr, Okt. bis Mai 16–18 Uhr, Plaza de la Iglesia Mayor, Tel. 956 41 24 04)*. Die Einheimischen treffen sich an der Plaza España, z. B. im Restaurant *Cádiz (Plaza España, 13, Tel. 956 41 02 50,* **€***)*. Der schönste Platz zum Übernachten ist das Stadthaus *Los Balcones* (Insider Tipp) *(10 Apt., C/La Loba, 26, Tel. 956 42 30 33, www.losbalcones.turincon.com,* **€€***)*.

Vejer de la Frontera **[122 B5]**
Vejer (12 800 Ew., 16 km südöstlich von Conil) ist die weiße Schön-

Wasser speiende Frösche an der Plaza España von Vejer de la Frontera

heit Andalusiens, weithin sichtbar an einem 200 m hohen Hügel erbaut. Patios voller Blumentöpfe, schwarz gekleidete Witwen, Azulejos, und auf der palmenbestandenen Plaza España vier Wasser speiende Frösche. Das ursprünglich maurische *Castillo* liegt mitten im Ort, dort lohnt sich ein Streifzug durch den Kunsthandwerkerladen *Nuestra Artesanía* im Hof.

Im *Mesón Judería (Do–Di 13 bis 16 und 20.30–24 Uhr, C/Judería, 5, Tel. 956 44 76 57, €€)* essen Sie gut und mit Blick auf die weiß schimmernde Neustadt. Das schönste Hotel von Vejer ist ein ehemaliges Kloster: *Convento de San Francisco (25 Zi., La Plazuela, s/n, Tel. 956 45 10 01, www.tugasa.com, €€)*. Auskunft: *Oficina Municipal de Turismo (Casa de la Cultura, Juli–Aug. tgl. 9–14.30 und 18–22 Uhr, Sept.–Juni Mo–Fr 9 bis 14.30 Uhr, C/Marqués de Tamarón, 10, Tel. 956 45 17 36)*.

Jerez de la Frontera

[122 B3] Jerez (184 000 Ew.) zeigt sich auf seiner Calle Larga (der Langen Straße): Die einen sitzen auf den etwas zu teuren Terrassen, einen Fino oder ein Bier in der Hand, die anderen flanieren fein angezogen übers Pflaster.

Jerez ist berühmt für seinen Wein, den die Ausländer Sherry nennen – eine Verballhornung des Stadtnamens –, und bekannt für seine edlen Pferde und seine große Flamencotradition. Vor allem aber ist Jerez eine Überraschung: eine Stadt von sonniger Eleganz, noch nicht erfasst vom großen Strom der Touristen, eine Stadt verschwiegener Plätze und in Schönheit ergrauter Monumente. Jerez ist aber auch die Stadt mit der höchsten Arbeitslosigkeit Spaniens, die Stadt der Tagelöhner ebenso wie die der feinen Herren. Jerez ist Andalusien, im Guten wie im Schlechten.

SEHENSWERTES

Alcázar

Enorme Festungsanlage mit massigen Türmen, während der Almohaden-Herrschaft (12. Jh.) erbaut. Im Innern arabische Bäder, eine kleine Moschee und der *Palacio de Villavicencio* (18. Jh.), der das Flair maurischer Zeiten aus den Mauern vertrieben hat. *Mai–Mitte Sept. Mo–Sa 10–20 Uhr, So 10–15 Uhr, Mitte Sept.–April tgl. 10–18 Uhr, Eintritt 1,30 Euro, mit Camera obscura 3,30 Euro*

Bodegas

Die berühmten Weinkellereien bieten Führungen durch ihre Anlagen an, auch auf Deutsch. Anmeldung empfehlenswert.

Domecq (Mo–Fr 10–13 Uhr, Eintritt 5 Euro, April–Sept. auch Sa 12 Uhr, Eintritt 7 Euro, C/San Ildefonso, 3, Tel. 956 15 15 50). González Byass (Tío Pepe, deutsche Führungen tgl. 12.15, 17.15 Uhr Okt.–Mai 16.15 Uhr, C/Manuel María González, 12, Tel. 956 35 70 16, Eintritt 8 Euro). Sandeman (deutsche Führungen Mitte März bis Okt. Mo–Fr 10–17 Uhr etwa alle 90 Min., C/Pizarro, 10, Tel. 956 31 29 95, Eintritt 5 Euro). Williams & Humbert (Mo–Fr 9.30 bis 14 Uhr, Ctra. N IV, Km 641,75, Tel. 956 35 34 06, Eintritt 4 Euro).

Catedral
Mit ihrer imposanten Treppe, dem frei stehenden Glockenturm, dem Stilgemisch aus gotischen, barocken und klassizistischen Elementen, verbunden mit wenig Sinn für Symmetrie, ist die Kathedrale von Jerez (18. Jh.) ein einzigartiger Sakralbau. *Eintritt nur zu Gottesdienstzeiten*

Centro Andaluz de Flamenco
In einem Stadtpalast aus dem 18. Jh. ist das wichtigste Forschungszentrum zum Thema Flamenco in Spanien untergebracht. Sein Herzstück ist die Bibliothek mit etwa 4000 Bänden. *Mo–Fr 9–14 Uhr, Plaza San Juan, 1, Eintritt frei*

Iglesia de San Dionisio
Kirche des Stadtpatrons (15. Jh.) in der lokalen Spielart des Mudéjar-Stils. Bei Nachfrage im Pfarrbüro wird Ihnen die Kirche aufgeschlossen *(Eintritt sonst nur zu Gottesdienstzeiten).* Vor der Kirche liegt die Plaza Asunción, einer der schönsten Plätze der Stadt, an den auch das Alte Rathaus *(Cabildo Antiguo,* 16. Jh., Renaissance) grenzt.

Real Escuela Andaluza de Arte Ecuestre
Eine »Reiterphantasie« im Stil des 18. Jhs. verspricht die Königlich-Andalusische Schule der Reitkunst während ihrer wöchentlichen knapp zweistündigen Schau. Höhepunkt eines Jerez-Besuchs. *Do 12 Uhr, März–Okt. auch Di 12 Uhr, Besichtigung mit Trainingsvorführung (7 Euro) Mo, Mi, Fr 10–13 Uhr, Avda. Duque de Abrantes, s/n. Tel. 956 31 80 08, www.realescuela.org, Eintrittskarten (13–21 Euro) gibt's auch im Reisebüro.*

ESSEN & TRINKEN

Bodega la Andana
Kleines, modernes Restaurant etwas außerhalb vom Zentrum, das sich (nicht nur) sehr gut auf die hohe Kunst der Tapas versteht. *Mo–Sa 13 bis 16.30 und 21–24 Uhr, C/Moscatel, 4, Tel. 956 30 73 85,* €€€

Cabildo
Schön gelegen im Schatten der Iglesia San Dionisio, wenn das Wetter es erlaubt, mit Tischen vor der Tür. Einfach und preiswert. *Mo–Fr 8.30–24 Uhr, Sa 12–24 Uhr, So*

Literaturtipps

Schöne Lektüre für Ihren Urlaub

»Der polnische Reiter« von Antonio Muñoz Molina: der beste Roman des erfolgreichsten andalusischen Schriftstellers der Gegenwart. Kindheit und Jugend in einem andalusischen Dorf.
»Die Brücke von Alcántara« von Frank Baer: kenntnisreicher und spannender Roman, angesiedelt im 11. Jh., über den herannahenden Untergang von Al-Andalus. Besonders empfehlenswert!
»Dichter in New York« von Federico García Lorca: Lorcas dunkle Lyrik, neu ins Deutsche gebracht, mit spanischem Originaltext.

12–18 Uhr, C/San Dionisio, 2, Tel. 956 32 27 35, €

Gaitán
Sehr beliebtes und viel gepriesenes Traditionsrestaurant. *Tgl. 13–16.30 und Mo–Sa (Juni–Sept. auch So) 20.30–23 Uhr, C/Gaitán, 3, Tel. 956 16 80 21, €€–€€€*

La Mesa Redonda
Besonders gutes Restaurant mit regionaler Küche. Spezialität des Hauses sind Reisgerichte, *bacalao* (Stockfisch), Thunfisch und Wild. *Mo–Sa 13.30–16 und 21–23.30 Uhr, C/Manuel de la Quintana, 3, Tel. 956 34 00 69, €€–€€€*

Jerez, Hochburg des Flamenco

EINKAUFEN

Große Auswahl an Sherry, aber auch Kunsthandwerk in der *Casa del Jerez (C/Divina Pastora, 1, Local 3, gegenüber der Reitschule).*

ÜBERNACHTEN

El Ancla
Gepflegtes kleines Hotel am nördlichen Rand der Altstadt. *20 Zi., Plaza Mamelón, 15, Tel. 956 32 12 97, www.helancla.com, €–€€*

NH Avenida Jerez
So große Zimmer bekommen Sie selten für Ihr Geld. Gutes Preis-Leistungs-Verhältnis. *95 Zi., Avda. Alcalde Alvaro Domecq, 10, Tel. 956 34 74 11, Fax 956 33 72 96, www.nh-hotels.com, €€€*

Serit
Modernes Innenstadthotel. *35 Zi., C/Higueras, 7, Tel. 956 34 07 00, www.hotelserit.com, €€*

AM ABEND

Tablao Lagá de Tío Parrilla
Eine der besten Flamencobühnen Andalusiens. *Aufführungen Mo–Sa ab 22.30 Uhr,* seien Sie aber mindestens eine Stunde vorher da. Statt Eintritt kostet das erste Getränk nach Beginn der Show 12 Euro. *Plaza Becerra, 5, Tel. 956 33 83 34*

AUSKUNFT

Oficina Municipal de Turismo
Mitte Juni–Mitte Sept. Mo–Fr 10–15 und 17–19 Uhr, Mitte Sept. bis Mitte Juni Mo–Fr 9.30–13 und 16.30–18.30 Uhr, ganzjährig Sa, So 9.30–14.30 Uhr, Alameda Cris-

tina, Tel. 956 33 11 50, www.turismojerez.com

ZIELE IN DER UMGEBUNG

El Puerto de Santa María [122 B4]

Die Stadt an der Mündung des Río Guadalete (70 000 Ew., 14 km südwestlich von Jerez) ist beliebtes Sommerziel der Spanier. Sie kommen wegen der Strände und der Meeresfrüchte – rund um die Ribera del Marisco drängen sich die Restaurants; das beste ist *Los Portales (tgl. 12–17.30 und 20–1 Uhr, Ribera del Marisco, 7, Tel. 956 54 18 12, €€)*. Die Altstadt mit Adelspalästen aus dem 17. und 18. Jh. lädt zum Flanieren ein, mittendrin die Burg *San Marcos* (13. Jh.). Die *Iglesia Mayor Prioral (Mo–Fr 8.30–12.45 Uhr, Sa 8.30–12 Uhr, So 8.30 bis 13.45 und tgl. 18.30–20.30 Uhr, Eintritt frei)* aus dem 15. und 17. Jh. beeindruckt mit ihrem Seitenportal.

Osborne, die Bodega mit dem Stier, liegt in der *C/Moros, 7 (deutsche Führungen Mo–Fr 12.30, Eintritt 5 Euro)*. Die bezaubernde Insider Tipp Apartmentanlage mit Hotel *Los Jándalos (18 Zi. und 43 Apt., C/Amparo Osborne, Tel. 956 87 34 11, www.jandalos.com, €€€)* liegt in der Siedlung *Vistahermosa*. Auskunft: *Oficina de Turismo (April bis Sept. tgl. 10–14 und 18–20 Uhr, Okt.–Mai tgl. 10–14 und 17.30 bis 19.30 Uhr, C/Luna, 22, Tel. 956 54 24 13, www.elpuertosm.es)*.

Sanlúcar de Barrameda [122 A3]

Alfons von Hohenlohe, den die Einheimischen der Einfachheit halber »Olé-Olé« nannten, hat in Sanlúcar (57 000 Ew., 22 km nordwestlich von Jerez), an der Mündung des Guadalquivir, eine edle Feriensiedlung bauen lassen – wegen der wunderschönen Lage gegenüber dem Nationalpark Doñana. Infos über den Park im *Centro de Visitantes (April–Okt. tgl. 9–20 Uhr, Nov.–März tgl. 9–19 Uhr, Fábrica de Hielo, Bajo de Guía, s/n, Tel. 956 38 16 35)*. Einen Parkbesuch mit Fahrt über den Guadalquivir organisiert *Cristóbal Anillo S. L.* neben dem Besucherzentrum *(tgl. 10 Uhr, April, Mai, Okt. auch 16 Uhr, Juni–Sept. auch 17 Uhr, Tel. 956 36 38 13, Ausflug 14,70 Euro)*. Dort am Fluss finden Sie auch eine Reihe rustikaler Fischrestaurants. Ein Klassiker ist die *Casa Bigote (Dez. bis Okt. Mo–Sa 13–16 und 20–24 Uhr, C/Pórtico de Bajo de Guía, 10, Tel. 956 36 26 96, €€)*. Ein Spaziergang durch die Altstadt *(Barrio Alto)* führt zum *Rathaus* im nachempfundenen Mudéjar-Stil des 19. Jhs., zur Kirche *Nuestra Señora de la O* (14. Jh.) und dem *Castillo de Santiago* (15. Jh.). Genießen Sie an der *Plaza del Cabildo* einen Manzanilla, die Sherryspezialität des Ortes. Ein elegantes, preiswertes Altstadthotel ist das *Tartaneros (22 Zi., C/Tartaneros, 8, Tel. 956 38 53 93, Fax 956 38 53 94, €€ bis €€€)*. Auskunft: *Oficina de Turismo (tgl. 10–14 und 16–18 Uhr, Juni–Sept. nachmittags 18–20 Uhr, Nov.–Feb. Sa, So geschl., Calzada del Ejército, Tel. 956 36 61 10)*.

MÁLAGA

Karte in der hinteren Umschlagklappe

[124 B5] Málaga macht sich. Dass Málaga lebenswert sei, das haben die Malagueños schon immer beteuert. Aber die meisten Besucher waren nicht unbedingt derselben Meinung. »Málaga sah aus wie eine Müllkippe«, sagt Loli, die der Liebe wegen Mitte der 90er-Jahre in die Hauptstadt der Costa del Sol zog. »Heute ist Málaga nicht wiederzuerkennen.« Jahrzehntelang ist die zweitgrößte Stadt Andalusiens (550 000 Ew.) vernachlässigt worden. Gesichtslose Büro- und Wohnblocks umzingelten die Innenstadt und verdrängten auch im historischen Zentrum viel zu viele Altbauten. Doch eine neue Stadtverwaltung erkannte in den 90er-Jahren das Problem und packte es an.

Die Sanierung der Altstadt hat enorme Fortschritte gemacht. Immer mehr Straßen sind Fußgängern vorbehalten. Was der Stadt noch fehlt, ist die Öffnung zum Wasser. Wo die Innenstadt aufs Mittelmeer stößt, schiebt sich eine vielspurige Ausfallstraße als Barrikade dazwischen. Dahinter liegt der Hafen, in dem zurzeit noch Zement und andere Industriewaren umgeschlagen werden. Immerhin, die ersten Pläne sind gezeichnet, um die Kaianlagen in eine Freizeitmeile mit Sporthafen umzuwandeln. Ende 2003 hat endlich auch das lang ersehnte Picasso-Museum seine Pforten fürs Publikum geöffnet. Nun hofft die Stadt auf den Picasso-Effekt: Mindestens ein Teil der Millionen von Urlaubern, die jedes Jahr die Costa del Sol bevölkern, soll mit dem Museum nach Málaga gelockt und dort vom Charme der Mittelmeerstadt überzeugt werden.

SEHENSWERTES

Alcazaba

Die maurische Festungsanlage aus dem 11. Jh. soll einst schöner als die Alhambra von Granada gewesen sein. Doch die frühere Pracht ist vergangen, geblieben ist die Erinnerung an vergangene Größe.

Stierkampfarena von Málaga

Di–So 8.30–19 Uhr, Sommer bis 20 Uhr, Eintritt 2 Euro

Catedral
La Manquita, die kleine Einarmige, nennen die Malagueños ihre Kathedrale. Der Bau zog sich über zweieinhalb Jahrhunderte (1528–1783) hin, dann hatten die Bürger genug von den ewigen Sondersteuern für den sakralen Prachtbau – er wurde ohne den geplanten zweiten Turm beendet. Sehenswert ist die Kathedrale auch so. *Mo–Sa 10–18.45 Uhr, Eintritt 2,50 Euro*

Gibralfaro
Auf einem Hügel über der Stadt thront die zweite maurische Festung Málagas, mit der Alcazaba durch einen mauerumschlossenen Gang, die *Coracha*, verbunden. Ein schöner Fußweg führt neben der Coracha den Hügel hinauf. Der Besuch des Gibralfaro (14. Jh.) lohnt wegen des unübertroffenen Blicks über ganz Málaga und seinen Hafen. *Di–So 8.30–19 Uhr, Sommer bis 20 Uhr, Eintritt 2 Euro*

Teatro Romano
Das kleine römische Theater zu Füßen der Alcazaba entstand um die Zeitenwende. Archäologen graben darin immer noch nach Zeugnissen der Vergangenheit. Hier, zwischen der weißen Rückseite des neuen Picasso-Museums und der Alcazaba, entsteht einer der faszinierendsten Plätze Málagas. *C/Alcazabilla. Zutritt zum Theater nicht möglich*

MUSEEN

Casa Natal Picasso
Ein Wohnhaus an der belebten Plaza de la Merced am Rand der Altstadt, in dem Picasso als kleiner Junge bestimmt einmal gelebt hat, und das offiziell zu seinem Geburtshaus erklärt wurde. 1998 ist es als Sitz der Picasso-Stiftung und kleines Museum eröffnet worden, das sich vor allem mit den Jugendjahren des Künstlers in Málaga befasst. *Tgl. 10–14 und Mo–Sa 17–20 Uhr, Plaza de la Merced, 15, www.fundacionpicasso.es, Eintritt frei*

Im Museo Picasso

Centro de Arte Contemporáneo
Das Zentrum für Zeitgenössische Kunst ist im Februar 2003 in einer alten Großmarkthalle am Ufer des bescheidenen Stadtflusses Guadalmedina eröffnet worden. Platz für eine kleine ständige Sammlung und noch mehr Platz für wechselnde Ausstellungen. *Di–So 10–20 Uhr, C/Alemania, s/n, www.cacmalaga.org, Eintritt frei*

Museo Picasso
★ Das Picasso-Museum in Málaga ist ein Muss für alle Picasso-Freunde und ein lohnendes Ziel für alle, die sich über den Maler noch keine Meinung gebildet haben. Schwiegertochter Christine Ruiz Picasso und ihr Sohn Bernard haben dem

Museum mehr als 200 Werke aus allen Schaffensperioden des Künstlers gespendet oder als Dauerleihgaben zur Verfügung gestellt. Untergebracht ist die Sammlung in dem wunderschön restaurierten und sensibel erweiterten Mudéjar-Bau *Palacio de Buenavista. Di–Do, So 10–20, Fr und Sa 10–21 Uhr, C/San Agustín, 8, www.mpicassom.org, Eintritt 6 Euro, inkl. wechselnde Sonderausstellung 8 Euro*

ESSEN & TRINKEN

Antigua Casa de Guardia
Die urigste Bodega Málagas. Guter Wein und frische Meeresfrüchte. *Mo–Fr 9–22 Uhr, Sa und So 10–22 Uhr, Alameda Principal, 18, €*

Citron
Restaurantkneipe mit einer Küche, die sich aus aller Welt inspirieren lässt. Probieren Sie den *Wok con pollo* – Reis, Gemüse und Hühnchenfleisch zum Sattwerden für 8 Euro. An der Fassade weist kein Schild auf das Lokal hin, sondern Lampen in Zitronenform. *Tgl. 13.30–0.30 Uhr, Plaza de la Merced, 10, Tel. 952 22 63 99, €–€€*

Clandestino
Eines der beliebtesten Restaurants Málagas in der Altstadt mit preiswerter internationaler Küche. *Tgl. 13–1 Uhr, C/Niño de Guevara, 3, Tel. 952 21 93 90, €–€€*

Tormes
Das älteste Restaurant in der Innenstadt mit traditioneller Küche aus Málaga. Direkt gegenüber dem Museo Picasso. *Di–So 13–16 und 20–23 Uhr, C/San Agustín, 13, Tel. 952 22 20 63, €–€€*

ÜBERNACHTEN

Carlos V
Ordentlich, gut gelegen, und vor allem nicht ganz so teuer wie die meisten Hotels in Málaga. *50 Zi., C/Císter, 10, Tel. 952 21 51 20, Fax 952 21 51 29, €€*

Juanita
Kleines, gut gepflegtes, sehr, sehr ruhiges Hostal in der Innenstadt. Die meisten Zimmer mit Gemeinschaftsbad. *14 Zi., C/Alarcón Luján, 8, Tel. 952 21 35 86, €*

Parador
Schöner Luxus neben dem Castillo Gibralfaro. *38 Zi., Castillo de Gibralfaro, s/n, Tel. 952 22 19 02, Fax 952 22 19 04, €€€*

FREIZEIT & SPORT

El Hammam
2003 eröffnetes türkisches Bad in der alten Judería von Málaga. Ein teurer Luxus, aber ein wunderbarer. *Tgl. 10–22 Uhr, Voranmeldung empfehlenswert, Tel. 952 21 23 27, www.elhammam.com, Bad 21 Euro, Massage 29 Euro*

AM ABEND

Málagas turbulentes Nachtleben spielt sich rund um die Plaza de la Merced (z. B. in der *Bar Flor de Lis* in der Hausnr. 18) und die Calle Beatas (z. B. in der Diskothek *Liceo* in der Hausnr. 21) ab.

AUSKUNFT

Oficina Municipal de Turismo
Tgl. 9–19 Uhr, Plaza de la Marina, s/n, Tel. 952 12 20 20

Oficina de Turismo de la Junta de Andalucía
Mo–Fr 9–20.30 Uhr, Sa und So 10 bis 14 Uhr, Pasaje de Chinitas, 4, Tel. 952 21 34 45

ZIELE IN DER UMGEBUNG

Antequera **[124 B4]**
Ein Ausflug in die Vorgeschichte. Etwas außerhalb von Antequera (40 000 Ew., 50 km nördlich von Málaga) liegen die *Dólmenes de Menga y Viera* (2500 v. Chr.) und der *Dólmen del Romeral* (1800 v. Chr.), aus tonnenschweren Felsen errichtete Ganggräber der Megalithkultur, einmalig gut erhalten *(Di 9–15 Uhr, Mi–Sa 9–17.30 Uhr, So 9.30–14.30 Uhr, Eintritt frei)*. Südlich der Stadt geht es zum *Torcal de Antequera*, einer phantastischen Kalksteinlandschaft. Auf einem einstündigen Rundwanderweg *(Ruta Verde)* durchkreuzen Sie die Felskegelversammlung. Informationen im *Centro de Recepción y Interpretación (tgl. 10–17 Uhr, Tel. 952 03 13 89)*.

Auch die Altstadt von Antequera lohnt einen Spaziergang: am besten von der Plaza San Sebastián hinauf zur Plaza del Portichuelo und weiter zum *Castillo Árabe*. Mediterrane Küche bekommen Sie im *Noelia (Do–Di 12–24 Uhr, Alameda de Andalucía, 12, Tel. 952 84 54 07, €€)*. Zum Übernachten bietet sich das familiäre, frisch renovierte *Hotel Plaza San Sebastián* an *(23 Zi., Plaza San Sebastián, 4, Tel. und Fax 952 84 42 39, www.hotelplazasansebastian.com, €)*. Auskunft: *Oficina Municipal de Turismo (Mitte Juni–Sept. Mo–Sa 11 bis 14 und 17–20 Uhr, So 11–14 Uhr, Okt.–Mitte Juni Mo–Sa 10.30 bis 13.30 und 16–19 Uhr, So 11–14 Uhr, Plaza de San Sebastián, 7, Tel. 952 70 25 05)*.

Garganta del Chorro **[124 A4]**
58 km nordwestlich von Málaga liegt die Garganta del Chorro oder *Desfiladero de los Gaitanes*, eine spektakuläre Schlucht, vom Guadalhorce durchflossen. Anfahrt von Álora nach El Chorro, dann Richtung Ardales. Hinter El Chorro lohnt sich ein Abstecher zu den *Ruinen von Bobastro* mit einer Kapelle aus dem 9. Jh. (sobald das Schild »Iglesia Mozárabe 300 m« auftaucht, sofort anhalten und den Rest zu Fuß gehen). In *Ardales* gibt es eine Höhle mit 24 000 Jahre alten Felszeichnungen. Anmeldung beim *Oficina de Turismo (Juli–Sept. Di–So 10.30–14 und 17–19 Uhr, Okt.–Juni Di–So 10.30–14 und 16 bis 18 Uhr, Ardales, Avda. de Málaga, 1, Tel. 952 45 80 46)*.

Laguna de la Fuente de Piedra **[124 A–B4]**
Tausende von brütenden Flamingos sehen Sie zwischen März und Juli auf dem flachen Salzwassersee Fuente de Piedra, 69 km nordwestlich von Málaga.

MARBELLA

[124 A6] Es ist noch nicht lange her, dass Marbella (98 000 Ew.) Spaniens unbestrittene Hauptstadt des Jetsets war – bis ihm Mallorca den Rang ablief. Die Atmosphäre ist immer noch mondän, wenn auch nicht überall mit gutem Geschmack verbunden.

Vor dem Riegel der Hotel- und Apartmentblocks liegt ein schöner

Marbella: Puerto Banús

breiter Sandstrand mit Duschen in Elefantenform. Dahinter das alte Dorf, weiß und voller Blumen. Mittendrin die Plaza de los Naranjos mit ihrem achteckigen Marmorbrunnen und dem Rathaus aus dem 16. Jh. 6 km westlich liegt der Yachthafen Puerto Banús mit sehr teuren Restaurants, Geschäften und Diskotheken.

ESSEN & TRINKEN

Altamirano
Hervorragendes, beliebtes Fischrestaurant im alten Dorf. *Do–Di 13–16 und 20–24 Uhr, Plaza Altamirano, 3, Tel. 952 82 49 32,* €–€€

Insider Tipp **Formula Wine**
Aktuelle andalusische Küche. Sehr gemütlich unter Sonnensegeln auf einer Dachterrasse. In der Altstadt. *Mo–Sa 20–24 Uhr, C/San Lázaro, s/n, Tel. 952 85 76 86,* €€€

La Meridiana
Eines der besten Restaurants Spaniens. *Juli und Aug. tgl. 20.30–24 Uhr, Sept.–Mitte Nov. und Mitte Dez.–Juni Mi–So 13–15.30 und 20–23.30 Uhr, Camino de la Cruz, s/n (3,5 km Richtung Puerto Banús), Tel. 952 77 61 90,* €€€

Mesón del Museo
Feines Restaurant am Rathausplatz. Phantasievolle moderne Küche. Mit etwas Glück erwischen Sie eines der drei Tischchen auf dem Balkon zum Platz. Insider Tipp *Di–So 13–16 und 20–23 Uhr, Plaza de los Naranjos, 11, Tel. 952 82 56 23,* €€€

Puerta del Príncipe
Rustikales Restaurant im alten Dorf, spezialisiert auf Fleischgerichte. Auch ein schöner Ort zum Frühstücken. *Tgl. 10–2 Uhr, Plaza de la Victoria, Tel. 952 77 49 64,* €€

ÜBERNACHTEN

Enriqueta
Sympathisches Altstadthostal in der Nähe der Plaza de los Naranjos. *21 Zi., C/Caballeros, 18, Tel. 952 82 75 52,* €€

El Fuerte
Vornehmes Hotel am Strand. *263 Zi., Avenida El Fuerte, s/n, Tel. 952 86 15 00, Fax 952 82 44 11, www.fuertehoteles.com,* €€€

Guerra
Familiäres Hostal, 2 Minuten vom Strand entfernt. *6 Zi., C/Llanos de San Ramón, 2, Tel. 952 77 42 20,* €

Lima
Zwei-Sterne-Hotel in der Nähe des Sporthafens. *64 Zi., Avda. Antonio*

Belón, 2, Tel. 952 77 05 00, Fax 952 86 30 91, www.hotellimamarbella.com, €€

AM ABEND

In Marbella gibt es ein unüberschaubares Angebot an Bars, Pubs und Diskotheken – mit Tendenz zum Schickimicki. Junge Leute treffen sich in der Altstadt rund um die Straßen Peral und Mesoncillo, auf der Plaza de las Olivos oder in der Calle Pantaleón. Wer es gern etwas ruhiger hat, findet in der Calle Camilo José Cela viele Bars. Das Nachtleben der Schönen und Reichen spielt sich in Puerto Banús ab, z. B. in der Diskothek *Dreamer's (Ctra. de Cádiz, Km 175)*.

AUSKUNFT

Oficina de Turismo

Am Strand: *Mo–Fr 9.30–21 Uhr, Sa 10–14 Uhr, Glorieta de la Fontanilla, s/n, Tel. 952 77 14 42.* Im Rathaus: *Mo–Fr 9–21 Uhr, Sa 10–14 Uhr, Plaza de los Naranjos, 1, Tel. 952 82 35 50.* In den beiden Torbögen über die Nationalstraße am Eingang zu Marbella und zum Nachbarort San Pedro de Alcántara sind kleine Infoboxen untergebracht: *tgl. 10–22 Uhr.*

ZIELE IN DER UMGEBUNG

Casares [123 E4]

Ein weißes Postkartendorf (3300 Ew., 56 km westlich von Marbella), wie hingewürfelt in die Sierra Bermeja, von einem maurischen *Castillo* (13. Jh.) gekrönt. Rund um die Plaza España finden Sie eine Reihe von Restaurants. Dort liegt auch die einfache, aber ordentliche Pension *Plaza (9 Zi., Plaza España, 6, Tel. 952 89 40 30, €)*. Auskunft: *Oficina de Turismo (Mo–Fr 11 bis 14.30 und 16–18.30 Uhr, C/Villa, 29, Tel. 952 89 55 21)*.

Mijas [124 B6]

Die andalusische Schönheit des Ortes (38 500 Ew., 31 km östlich von Marbella) zieht Tagesausflügler in Scharen in die Gassen. Bleiben Sie einfach eine Nacht im Hotel *Mijas (103 Zi., Avda. Méjico, 2, Tel. 952 48 58 00, €€€)* und klettern am frühen Morgen zum *Santuario de la Virgen de la Peña* hinauf, einer Wallfahrtskirche aus dem 16. Jh. Wenn Sie sich etwas abseits vom Touristenrummel halten wollen, sind Sie richtig im einfache Dorfrestaurant *Califa (Di–Fr 18–23 Uhr, Sa und So 11–23 Uhr, C/Coín, s/n, Tel. 952 48 50 94, €)*. Auskunft: *Oficina de Turismo (Mo–Fr 9–14 und 16–19 (Juli, Aug. 17–20) Uhr, Sa 10–14 Uhr, Plaza Virgen de la Peña, Tel. 952 48 58 20)*.

NERJA

[125 D5] Schönes Städtchen (14 300 Ew.) an der östlichen Costa del Sol. Aber auch hier liegen Sie im Sommer wie Fisch in der Dose. Auf einem Felsvorsprung hoch über dem Meer ist mitten im Ort der Balcón de Europa angelegt, ein begrünter Platz, auf dem sich Einheimische und Besucher nach Sonnenuntergang von der Hitze des Tages erholen. Unten gibt es ein paar romantische kleine Buchten zwischen den Felsen zu entdecken, die über einen aufregenden Fußweg miteinander verbunden sind. Der endet zu Füßen des Paradors

Cueva de Nerja

an der etwas größeren Playa de Burriana im Osten des Ortes.

SEHENSWERTES

Cueva de Nerja
Die Tropfsteinhöhle ist eine große Touristenattraktion. Trotz Musikberieselung und breiter Betonwege durch das 4 km lange Höhlensystem bleibt Raum zum Staunen. *Tgl. 10–14 und 16–18.30 Uhr, Juli und August bis 20 Uhr, Eintritt 5 Euro*

ESSEN & TRINKEN

La Marea
Ein Restaurant ganz in Blau. Fisch und Meeresfrüchte. *Di–So 13–16 und 20–24 Uhr, Plaza Cantarero, Tel. 952 52 57 78,* €€–€€€

El Refugio
Fisch und Paella, dazu gibt es biologisch angebautes Gemüse aus dem eigenen Garten. *Mo–Sa 13 bis 15.30 und 19.30–24 Uhr, C/Diputación, 12, Tel. 952 52 41 39,* €

Udo Heimer Insider Tipp
Einfach eines der besten Restaurants der Costa del Sol. *Do–Di 19.30–24 Uhr, Okt.–April auch 13.30–15.30 Uhr, Pueblo Andaluz, 27, Tel. 952 52 00 32,* €€€

ÜBERNACHTEN

Mar Azul
Gemütliches Hostal nahe der Playa de la Torrecilla. *10 Zi., Avda. Mediterráneo, 12, Tel. 952 52 41 91,* €–€€

Parador
Zimmer mit Balkons zum Meer. Fahrstuhl zum Strand. *73 Zi., C/Almuñécar, 8, Tel. 952 52 00 50, Fax 952 52 19 97,* €€€

Paraíso del Mar Insider Tipp
Liebevoll luxuriös eingerichtet, mit Blick übers Meer. *16 Zi., Prolongación de Carabeo, 22, Tel. 952 52 16 21,* €€–€€€

Portofino
Kleines Hotel, traumhaft gelegen über der Playa de Calahonda. *11 Zi., Nov.–Semana Santa geschl., C/Puerta del Mar, 4, Tel. 952 52 01 50,* €€

AUSKUNFT

Oficina de Turismo
Mo–Fr 10–14 und 17–20 (Winter 16–19) Uhr, Sa 10–13 Uhr, C/Puerta del Mar, 2, Tel. 952 52 15 31

ZIEL IN DER UMGEBUNG

Frigiliana **[125 D5]**
Nur 6 km nördlich von Nerja vergessen Sie für einen Tag die Costa del Sol. Je höher Sie die schmalen Gassen des durch und durch weißen Ortes (2100 Ew.) emporklimmen, desto mehr fühlen Sie sich in maurische Zeiten zurückversetzt. Essen mit Aussicht gibt es im *El Mirador (Mai–Okt. Do–Di 18–24 Uhr, Nov.–April Do–Di 10 bis 18 Uhr, C/Santo Cristo, Tel. 952 53 32 91, €€)*. Eine einfache Pension ist *Las Chinas (9 Zi., Plaza Amparo Guerrero, 14, Tel. 952 53 30 73, €)* mit sehr gutem Restaurant im selben Haus. Zur Rückfahrt lohnt sich die Strecke durch die Berge über *Torrox.*

RONDA

[123 E3] ★ Die Puente Nuevo (Neue Brücke) ist brodelndes Terrain. Auf den Bürgersteigen kämpfen die Touristen um den besten Winkel fürs Erinnerungsfoto, während sich der Feierabendverkehr vorsichtig zwischen den knipsenden Menschen hindurchschiebt.

Nirgendwo ist Spanien romantischer als in Ronda (36 000 Ew.), das hat sich herumgesprochen. Die Stadt breitet sich über ein Felsplateau aus, dessen Seiten bis zu 165 m senkrecht in die Tiefe fallen und das zudem noch wie von einem Keil in zwei Teile gespalten ist. Durch die trennende, bis zu 80 m breite Schlucht (spanisch: *tajo)* hat sich der Río Guadalevín seinen Weg gesucht. Die Puente Nuevo, ein spektakuläres Meisterwerk der Baukunst des 18. Jhs., ist die Nahtstelle zwischen dem alten Ronda (schlicht *La Ciudad* genannt, die Stadt) und dem heute nicht mehr ganz neuen Teil *(El Mercadillo,* der kleine Markt) nördlich des Tajo, der ab dem 16. Jh. entstanden ist. Die Römer und vor allem die Mauren, die hier erst 1485 von den Katholischen Königen besiegt wurden, hinterließen ihre Spuren in der Stadt. Doch das heutige, das romantische Ronda, ist das Ronda des 18. Jhs., das schon Rainer Maria Rilke während seines Aufenthalts im Winter 1912/1913 begeisterte.

SEHENSWERTES

Die meisten Sehenswürdigkeiten, mit Ausnahme der Stierkampfarena, liegen in La Ciudad.

Baños Árabes
Große arabische Badeanlage aus dem 13./14. Jh., die besterhaltene Spaniens, am Fuß der Schlucht gelegen, nahe der Puente San Miguel. *Mo–Fr 10–18 Uhr, Sa und So 10 bis 15 Uhr, Eintritt 2 Euro*

Casa del Rey Moro
Der Stadtpalast (18. Jh.) am Rande des Tajo ist etwas heruntergekommen, aber er hat's in sich. Von den Gärten führt ein aufwändiges Treppensystem, das ein maurischer König im 14. Jh. ins Innere des Felsens treiben ließ, 60 m in die Tiefe hinab. Diese *Mina de Agua* (Wassermine) war Brunnen und Verteidigungsanlage zugleich *(April–Okt. tgl. 10–20 Uhr, Nov.–März tgl. 10 bis 19 Uhr, Eintritt 4 Euro)*. Schräg gegenüber überrascht der Palacio del Marqués de Salvatierra (18. Jh.) mit vier nackten Indiofiguren, die den Balkonsims tragen.

Ronda – Puente Nuevo und der Stadtteil El Mercadillo

Iglesia Santa María la Mayor
Die Hauptkirche Rondas liegt am schönsten Platz der Stadt, der mit Palmen und Lorbeerbäumen bestandenen Plaza Duquesa de Parcent. Verwirrend sind die zweistöckigen Balkone zum Platz hin, die die Kirche wie ein Wohnhaus aussehen lassen. Der Eingangsraum öffnet sich nach einer Seite zur reich verzierten Gebetsnische der Moschee, die früher an diesem Ort stand. In der Kirche, erbaut nach der christlichen Eroberung Rondas, stoßen Gotik und Renaissance (der Nordteil wurde 1580 nach einem Erdbeben neu errichtet) wenig versöhnlich aufeinander. *Juni–Sept. tgl. 10–20 Uhr, Okt.–Mai tgl. 10–18 Uhr, Eintritt 2 Euro*

Palacio de Mondragón
Einer der besonders schönen Stadtpaläste Rondas, erstmals Ende des 15. Jhs. erwähnt, vielfach umgebaut, mit Innenhöfen im Mudéjar-Stil. Heute ist hier das *Museo Municipal* (Städtisches Museum) untergebracht mit Nachbauten von steinzeitlichen Gräbern und Höhlen *(Mo–Fr 10–18 Uhr, Sa und So 10 bis 15 Uhr, Eintritt 2 Euro).*

Nahe dem Palacio liegt die Plaza del Campillo, von der aus Sie über den Camino de los Molinos in die Ebene hinabsteigen können: Unten haben Sie den schönsten Blick auf das berühmte Ronda-Panorama.

Plaza de Toros
Die Stierkampfarena (1785) ist die älteste Spaniens und die einzige mit komplett überdachten Sitzreihen, die in zwei Stockwerken ein ungewöhnlich großes Rund umgeben. In Ronda schufen die Matadore Francisco Romero und seine Söhne Juan und Pedro im 18. Jh. die Grundlagen für den modernen Stierkampf.

Zur Arena gehört das *Museo Taurino,* das in die Geschichte des Stierkampfs einführt. *April–Sept. tgl. 10 bis 20 Uhr, Okt.–März tgl. 10–18 Uhr, Eintritt 5 Euro*

Puerta de Almocábar
Das Hufeisentor (13. Jh.) am südlichen Ende der Ciudad ist ein Rest der maurischen Stadtbefestigung. Daneben ließen die Katholischen Könige die in ihrer Einfachheit durchaus schöne Kirche *Espíritu Santo* (1505) bauen. *Mo–Sa 10 bis 13.30 und 15.30–18 Uhr, Eintritt 1 Euro*

ESSEN & TRINKEN

Insider Tipp **Casa María**
Kleines Restaurant unterhalb der Altstadt. Hier essen die Einheimischen. Spanische Küche. *Di–So 13 bis 16 und 20.30–23 Uhr, C/Ruedo Alameda, 27, Tel. 952 87 62 12,* €

Don Miguel
Hotelrestaurant mit regionaler und internationaler Küche in rustikalem Ambiente. Die Terrasse liegt neben der Puente Nuevo. *Tgl. 12.30–16 und 20–22.30 Uhr, C/Villanueva, 4, Tel. 952 87 10 90,* €€

Escudero
Ein stilvolles Restaurant neben der Plaza de Toros, mit herrlichem Blick über die Ebene im Westen der Stadt. *Mo–Sa 11–23 Uhr, So 11–15 Uhr, Paseo de Blas Infante, 1, Tel. 952 87 13 67,* €€€

ÜBERNACHTEN

Alavera de los Baños
Modernes Haus direkt neben den Baños Árabes mit dem Charme eines Landhotels mitten in der Stadt. *10 Zi., Hoyo San Miguel, s/n, Tel. und Fax 952 87 91 43, www.andalucia.com/alavera,* €€

Parador
Das einstige Rathaus (19. Jh.) mit Blick auf die Puente Nuevo gehört seit 1994 zur Kette der staatlichen Paradores. *78 Zi., Plaza de España, s/n, Tel. 952 87 75 00, Fax 952 87 81 88,* €€€

San Gabriel Insider Tipp
Ein liebevoll eingerichtetes Altstadthotel in einem umgebauten Palast. *16 Zi., C/José M. Holgado, 19, Tel. 952 19 03 92, www.hotelsangabriel.com,* €€€

Virgen del Rocío
Gut ausgestattete Pension in der Altstadt. *15 Zi., C/Nueva, 18, Tel. 952 87 74 25,* €

AUSKUNFT

Oficina de Turismo
Mo–Fr 9–19.30 Uhr, Sa, So 10–14 Uhr, Plaza de España, 9, Tel. 952 87 12 72, www.turismoderonda.es

ZIELE IN DER UMGEBUNG

Cueva de la Pileta [123 E3]
Die in vorgeschichtlichen Zeiten bewohnte Tropfsteinhöhle 27 km südwestlich von Ronda birgt bis zu 27 000 Jahre alte Felszeichnungen. *Einstündige Führungen tgl. 10–13 und 16–18 Uhr, Eintritt 6,50 Euro*

Gaucín [123 D4]
Am Fuße des Felsens, auf den im späten 9. Jh. die Mauren ihr *Castillo de Águila* (Adlerburg) bauten, mit Blick über Gibraltar bis

nach Afrika, verspricht ein Schild: *Eintritt 10–13.30 und 16–19.30 Uhr.* Doch den Felsen hinaufgeklettert, steht man vor verschlossen Toren. Gaucín (1800 Ew.) ist ein gemütliches weißes Dorf. Die Wärme seiner Gassen mit ihren schmückenden Fenstergittern aus dem 16. und 17. Jh. und die leise Freundlichkeit seiner Bewohner halten die Besucher fest. Der ideale Ort, um ein paar Tage auszuspannen, zum Beispiel im Insider Tipp Hotel Casablanca *(7 Zi., Ende Okt.–März geschl., C/Teodoro de Molina, 12, Tel. 952 15 10 19, www.andalucia.com/hotelcasablanca, €€–€€€)*, einem der angenehmsten Urlaubshotels der Gegend, betrieben von Engländern. Oder in einer der Landunterkünfte, die von der kleinen Agentur und Touristeninformation *Gestur (C/Lorenzo García, 26, Tel. 952 15 16 00)* vermittelt werden.

Ein stilvolles Restaurant in einem alten Weinkeller mit kreativer mediterraner Küche ist *La Fructuosa (Semana Santa–Okt. Fr–Mi 20 bis 22.30 Uhr, Nov.–Semana Santa Fr–So 20–22.30 Uhr, C/Convento, 67, Tel. 952 15 10 72, €€)*, das auch Zimmer *(€€)* mit Blick bis Afrika vermietet.

TARIFA

[123 D6] In den Straßencafés und Restaurants der C/Sancho IV, mitten in der Altstadt, mischen sich Rucksacktouristen aus aller Welt unter die Einheimischen. Tarifa (15 500 Ew.), benannt nach dem Berberführer Tarif, der 710 erstmals die Straße von Gibraltar überquerte und damit die Eroberung Iberiens vorbereitete, schmeckt nach Australien mit einem kräftigen Schuss maurischer Vergangenheit. Die ständige Brise am südlichsten Zipfel Spaniens lockt die Windsurfer; alle anderen bekommen in der Stadt nicht viel geboten.

SEHENSWERTES

Castillo de Guzmán el Bueno

Gut erhaltene maurische Festung (10. Jh.). 1292 eroberten die Christen die Stadt, doch die Araber gaben sich nicht geschlagen. Während einer Belagerung 1294 nahmen sie den Sohn des Statthalters Alfonso Pérez de Guzmán gefangen. Statt Tarifa im Austausch gegen seinen Sohn den Mauren zu übergeben, warf Guzmán ihnen vom Festungsturm sein Schwert hinab, um den Jungen zu töten. Das brachte ihm den Ehrennamen *el Bueno* ein, der Gute. *Di–So 11–14 und Di–Sa 18–20 (Okt. bis Mai 16–18) Uhr, Eintritt 1,80 Euro*

Plazuela del Viento

Vom »Windplätzchen«, das seinem Namen Ehre macht, haben Sie einen guten Blick übers Meer bis zum rund 20 km entfernten Afrika.

ESSEN & TRINKEN

Perulero

Gute regionale Küche an einem ruhigen Platz. *Tgl. 11–16 und 20 bis 24 Uhr, Plaza San Hiscio, 2, Tel. 956 68 19 97, €€*

ÜBERNACHTEN

Alameda

Einfaches Hotel neben dem Castillo. *11 Zi., Paseo Alameda, 4, Tel. und Fax 956 68 11 81, €–€€*

Punta Star
Frisch renoviertes Hotel auf der Surfermeile mit schönem, baumbestandenen Garten. *40 Zi., Ctra. Cádiz, Km 77, Tel. 956 68 43 26,* €€€

100 % Fun
Hier fühlen Sie sich in die Tropen versetzt. Das Hotel ist vor allem bei Windsurfern beliebt. *22 Zi., Ctra. Cádiz, Km 76, Tel. 956 68 03 30, Fax 956 68 00 13, www.tarifa.net/100fun,* €€–€€€

FREIZEIT & SPORT

Aky Oaky
Vermittelt Reit-, Kletter- und Fahrradtouren – und natürlich Surfkurse. *C/Batalla del Salado, 37 (Innenstadt), Info Tel. 956 67 97 07*

Whale Watch España
Organisiert im Sommer tägliche Ausflüge auf der Suche nach Walen und Delphinen und verspricht 97 Prozent Erfolg. Reservierung erforderlich. *27 Euro, Avda. de la Constitución, 2, Tel. und Fax 956 62 70 13, Mobiltel. 639 47 65 44*

AUSKUNFT

Oficina de Turismo
April–Sept. tgl. 10–14 und 17–19 Uhr, Okt.–März tgl. 9–15 Uhr, Paseo de la Alameda, s/n, Tel. 956 68 09 93

ZIELE IN DER UMGEBUNG

Bolonia [123 C6] Insider Tipp
Weite Bucht mit feinem Sandstrand (dem schönsten weit und breit), ein paar *hostales* und *chiringuitos*, 23 km nordwestlich von Tarifa. Ein familiäres Hostal und Restaurant direkt am Strand ist *Los Jerezanos (17 Zi., Okt.–Semana Santa geschl., Lentiscal, 5, Tel. 956 68 85 92,* €–€€*)*. Nebenan Reste der römischen Kleinstadt *Baelo Claudia*

Hier stimmt der Wind – Surferparadies Tarifa an der Straße von Gibraltar

mit gut auf Spanisch erläutertem Rundweg *(Juni–Sept. Di–Sa 10–20 Uhr, Okt.–Mai Di–Sa 10–18 Uhr, So 10–14 Uhr, Eintritt für EU-Bürger frei)*; dazu bekommen Sie am Eingang einen Prospekt in deutscher Sprache.

Insider Tipp **Castellar de la Frontera** [123 D5]
Ein Traum. 70 Häuser drängen sich dicht an dicht innerhalb der Mauern der maurischen Festung (13./14. Jh.), die auf der Kuppe eines kleinen Berges erbaut wurde. Autos (von der Landstraße A 369 Schildern Richtung Castillo de Castellar folgen, 49 km nordöstlich von Tarifa) bleiben vor dem Burgtor. Nur fünf Minuten brauchen Sie, um zu Fuß die wenigen, mit Kletterpflanzen bewachsenen Gässchen der Siedlung zu durchstreifen und auch einen Blick vom *Mirador* auf den Stausee zu werfen. Aber diese fünf Minuten reichen, Sie auf ewig zu verzaubern. 1971 verließen die damaligen Bewohner das Castillo und bauten sich ein neues Dorf in der Ebene. Aussteiger zogen in die leer stehenden Häuschen. Mitte der 1990er erkannte die Gemeinde (2300 Ew.) den touristischen Wert des Festungsdorfs, seitdem sind dort ein Restaurant und eine Reihe von Landunterkünften entstanden. Ein gemütliches Restaurant und Ihr eigenes Häuschen zum Übernachten finden Sie im *Castillo de Castellar (8 Zi., tgl. 13.30–16 und 20.30–22.30 Uhr, C/Rosario, 3, Tel. 956 23 66 20, €€)*. Unten an der Landstraße bietet das *Molino del Conde* feine regionale Küche *(Juli–Aug. tgl. 20–24 Uhr, Sept.–Juni Di–So 13–16 und Di–Sa 20–23 Uhr, Ctra. A 369, Km 82,5, Tel. 956 23 60 63, €€)*, nicht weit davon liegt das Hotel *La Almoraima (17 Zi., Finca la Almoraima, Tel. 956 69 30 02, €€€)*, ein ehemaliges Kloster. Auskunft: in der *Touristeninfo* gegenüber dem Burgtor *(Tel. 956 23 68 87)*.

Gibraltar [123 D5–6]
Wer von Andalusien kommend die Grenze passiert, betritt eine andere Welt. Gibraltar (41 km nordöstlich von Tarifa, 27 000 Ew.) ist very British, der Felsen gehört seit 1713 zu Großbritannien. Für Touristen gibt der Ort nicht viel her. Trotzdem kommen jedes Jahr 6 Mio. Ihr einziges Ziel: die Main Street, auf der sich ein billiger Laden an den anderen reiht, einkaufen ohne Mehrwertsteuer.

Lohnend ist ein Besuch im *Naturreservat Upper Rock (Eintritt 7 £)* mit der St. Michael's Cave (Tropfsteinhöhle), den Great Siege Tunnels (Verteidigungsanlage vom Ende des 18. Jhs.), dem Ape's Den (hier turnen die Berberaffen

Berberaffe von Gibraltar

herum, die einzigen wild lebenden Affen Europas) und schöner Aussicht. Am besten fahren Sie mit dem Cable Car zum Reservat hinauf *(Mo–Sa 9.30–17.15 Uhr, Hin- und Rückfahrt 6,50 £)*. In Gibraltar werden auch Euro akzeptiert.

Wenn Ihnen der Sinn nicht gerade nach Fish and Chips steht, essen Sie im eleganten *Bunters (So–Fr 19–22.30 Uhr, 1, College Lane, Tel. 9567/704 82, €€€)* oder in der Tapasbar der Engländerin Janet Aust *The Theatre Inn (76, Governor's Street, €)*. Auskunft: *Gibraltar Tourist Board, Cathedral Square, Tel. 9567/450 00, www.gibraltar.gi.*

Wenn Sie bis abends bleiben, können Sie ruhig mit dem Auto nach Gibraltar hineinfahren, die Wartezeit am Kontrollposten bei der Ausfahrt wird dann nicht allzu lang sein. Sonst parken Sie kurz vor der Grenze in *La Línea*. Bis zur Main Street sind es etwa 15 Min. Fußweg. Oder Sie nehmen direkt hinter dem Kontrollposten ein Taxi.

DIE WEISSEN DÖRFER

★ Unwirklich strahlende Tupfer hat Menschenhand allerorten in die grüne, braune, graue Landschaft Andalusiens gesetzt: Dörfer in fast perfektem Weiß. Die gekalkten Häuser reflektieren die Sonne, damit sich die Wohnräume nicht zu Glutöfen aufheizen. Einer klugen Tourismusförderung ist es zu danken, dass die Weißen Dörfer zwischen Ronda und Arcos de la Frontera heute fast ein Markenname sind. Eine lohnende Entdeckungsreise.

Arcos de la Frontera **[122 C3]**

★ Wer auf der Plaza del Cabildo im Herzen der Stadt (26 500 Ew.) angekommen ist, den zieht es als Erstes magnetisch zum *Mirador de la Peña Nueva.* Der Blick hinab in die Tiefe verschlägt den einen die Sprache und entlockt den anderen Rufe des Entzückens. Arcos liegt wie eine weiße Platte auf einem ockerfarbenen Felsmassiv, das im Südwesten 160 m senkrecht zum Río Guadalete abfällt. Dem Mirador gegenüber auf der anderen Seite des Platzes liegt die *Basilika Santa María* (15. Jh.) mit mächtigem Glockenturm. Auf der linken Seite des Platzes steht das *Rathaus* (mit ausgezeichneter Artesonado-Decke), dahinter die mehr als 1000 Jahre alte maurische *Burg* und neben dem Rathaus die Touristeninformation *(Oficina Municipal de Turismo, Mitte März–Mitte Okt. Mo bis Sa 10–14 und 16–20 Uhr, Mitte Okt.–Mitte März Mo–Sa 10–14 und 15.30–19.30 Uhr, ganzjährig So 10.30–13.30 Uhr, Tel. 956 70 22 64)*. Auf der rechten Seite liegt der moderne *Parador (24 Zi., Tel. 956 70 05 00, Fax 956 70 11 16, €€€)*.

Neben dem Parador führt die von steinernen Bögen überspannte Calle de los Escribanos ins Gewirr der Altstadtgassen. Bald stoßen Sie auf das *Convento de Mercedarias Descalzas* (1642, barocker Altaraufsatz, *tgl. 8.30–14.30 und 17–19 Uhr, Plazuela de Botica, 2)*. Hier verkaufen die Nonnen selbst gemachte kleine Kuchen über eine düstere Durchreiche, die den Blickkontakt zur Außenwelt verhindern soll. Weiter die Gassen in südöstlicher Richtung entlang, kommen Sie zum *Mirador de Abades,* Insider Tipp der doppelte Aussicht bietet: zur einen Seite die Schlucht der Peña Nueva hinab, zur anderen Seite über den Stausee von Arcos. Weitere Sehenswürdigkeiten sind die Kirche *San Pedro* (15. Jh.) und der *Stadtpalast* des Conde de Águila (14. Jh., Mudéjar-Stil).

Übernachten können Sie im bekanntesten Hotel von Arcos, *El Convento (11 Zi., C/Maldonado, 2, Tel. 956 70 23 33, www.webdearcos.com/elconvento, €€)*, das Teil des benachbarten *Convento de Mercedarias Descalzas* ist. Oder im familiären Altstadthotel *La Casa Grande (7 Zi., C/Maldonado, 10, Tel. 956 70 39 30, www.lacasagrande.net, €€–€€€)* mit demselben schönen Blick wie aus dem Parador. Preiswertes Essen bekommen Sie im *Círculo de la Unión (12.30–16 und 20.30–23 Uhr, Juli, Aug. Di geschl., C/Boticas, 6, Tel. 956 70 31 07, €)*, einem einfachen Restaurant mit regionaler Kost, an einem ruhigen Platz gelegen. Hervorragende Küche zu mäßigen Preisen bietet das *El Convento (13–16 und 19.30–22 Uhr, einmal in der Woche an wechselnden Tagen geschl., C/Marqués de Torresoto, 7, Tel. 956 70 32 22, €€)*.

Insider Tipp

Benadalid [123 E3]

★ Noch immer thront die maurische Festung über dem Tal, doch ihre Mauern beherbergen Tote: Ein Friedhof aus lauter weißen Grabnischen ist darin eingerichtet worden. Benadalid (270 Ew.) ist ein verzauberter Fleck in der Serranía de Ronda. Oben an der Hauptstraße steht das einzige, sehr einfache Hostal des Ortes: *Aguayar (5 Zi., Ctra. A 369, Km 25, Tel. 952 15 27 68, €)*.

Grazalema [123 D3]

★ Dem nackt und spitz aufragenden Peñón Grande (Großer Fels) zu Füßen gelegen, ist dieses Städtchen (2300 Ew.) das geografische und touristische Zentrum des Naturparks Sierra de Grazalema. Auf der wuseligen Plaza de España findet das Touristenherz, was es begehrt: Läden (Grazalema ist bekannt für handgearbeitete Decken), Bars, Restaurants und die *Oficina de Información Turística (Di–So 10–14 und 17–19 Uhr, Tel. 956 13 22 25)*.

Mitten im heißen Andalusien ist dies der regenreichste Ort Spaniens. Davon profitiert die Igeltanne *(pinsapo)*, die aussieht wie der ideale Weihnachtsbaum. Ein Indiz für die wachsende Popularität des Weißen Dorfes: Seit Anfang 2000 sind zwei Viersternehotels entstanden. Eines davon ist das charmante *Puerta de la Villa (28 Zi., Plaza Pequeña, 8, Tel. 956 13 23 76, www.grazhotel.com, €€€)*. Ein schönes preiswertes Hotel ist das *Casa de las Piedras (30 Zi., C/Las Piedras, 32, Tel. 956 13 20 14, €)*. Beide Häuser mit Gastronomie.

Es lohnt sich, von Grazalema aus den Naturpark zu erkunden – zu Fuß oder zu Pferde.

Setenil de las Bodegas [123 E3]

★ Dieses spektakuläre Dorf (3300 Ew.) ist in die Schlucht des Río Guadalporcún gezwängt, wo der Platz knapp ist. Die Not hat Schönheit geboren: Von vielen Häusern ist nur die Fassade zu sehen, der Rest ist in den Fels geschlagen. Auf der Nordseite liegen die *Cuevas del Sol* in der Mittagssonne, auf der Südseite die *Cuevas de la Sombra* in ständigem Schatten. An der

Das schöne Grazalema wird bei Reisenden immer beliebter

höchsten Stelle des Ortes überragt der Turm des maurischen Kastells die Landschaft und erlaubt – wenn er nicht zufällig verschlossen ist – Blicke bis nach Olvera.

Setenil hält sich zugute, die Tapas erfunden zu haben, und bietet eine *Ruta del Tapeo* an. Zu empfehlen sind das Insider Tipp *La Tasca (Mo geschl., C/Cuevas del Sol, 71, €)* und das *Palmero (Fr–Mi 12–16 und 19.30–22.30 Uhr, Plaza Andalucía, 4, €€)*.

Am Ortseingang aus Richtung Ronda kommend liegt wunderschön das preiswerte Hotel *El Almendral (28 Zi., Ctra. Setenil–Puerto del Monte, s/n, Tel. 956 13 40 29, www.tugasa.com, €)*. Auskunft: *Oficina de Turismo (Di–Fr 10.30–14 und Di–So 16–19 Uhr, Sa, So 12–14 Uhr , C/Villa, 2, Tel. 956 13 42 61, www.setenil.com)*.

Zahara de la Sierra **[123 D3]**

★ Wenn Sie die Einheimischen fragen, wo denn die Ortsmitte liegt, erhalten Sie zur Antwort: »Ganz einfach: dort, wo es flach ist«. Zahara (1600 Ew.) scheint nur aus einer einzigen steil, wirklich steil ansteigenden Straße zu bestehen. Der Ort wurde ein markantes Felsmassiv hinaufgebaut, das schließlich vom *Torre de Homenaje* aus maurischen Zeiten (13. Jh.) gekrönt wird. Besonders abends, wenn Scheinwerfer Fels und Turm in gelbliches Licht tauchen, ist Zahara ein atemberaubender Anblick. Das Stück ebener Straße in der Ortsmitte heißt C/San Juan. Hier finden Sie das *Los Naranjos (tgl. 11.30–1 Uhr, Tel. 956 12 33 14, €)*, Restaurant und Tapasbar, mit Blick auf den Stausee und das gemütliche *Hostal Marqués de Zahara (10 Zi., Tel. 956 12 30 61, €)*. Auskunft, auch über Wanderungen, Ausritte, Kanutouren, in der *Oficina de Información del Parque Natural (tgl. 9–14 Uhr, Mo–Sa 16–19 Uhr, Plaza Zahara, 7, Tel. 956 12 31 14)*.

Drei Gesichter Andalusiens

Die Touren sind in der Karte auf dem hinteren Umschlag und im Reiseatlas ab Seite 116 grün markiert

1 DAS GRÜNE ANDALUSIEN

Eine Rundfahrt für Naturbegeisterte. Von Sevilla zum Nationalpark Doñana und zur Sierra de Aracena mit Zwischenstopp an den Kolumbus-Stätten. Am besten planen Sie auf der gut 400 km langen Strecke mindestens zwei Übernachtungen ein.

Auf der Autobahn A 49 Richtung Huelva fahren Sie aus Sevilla hinaus. Nehmen Sie die Ausfahrt bei Km 48 und folgen den Schildern »P.N. Doñana«; dann geht es weiter auf der gut ausgebauten A 483 bis zum ersten Halt in *El Rocío (S. 45)*, wo sich ein Blick in die Wallfahrtskirche lohnt. Hinter El Rocío beginnt der *Nationalpark Doñana (S. 44)*. Kurz vor Matalascañas biegen Sie in ein Sträßchen zum Besucherzentrum El Acebuche *(S. 45)* ab. Eine Tour durch den Park im Geländebus sollten Sie schon von Sevilla aus telefonisch buchen.

Weiter auf der A 494 Richtung Mazagón – wenn Sie Lust auf Meer haben, halten Sie am Parkplatz *Cuesta Maneli* und laufen durch die Dünen zum Strand. Für die erste Nacht bietet sich der gut ausgeschilderte Parador von *Mazagón (S. 41)* an. Hinter Mazagón geht es auf der N 442 Richtung Huelva, bis Sie den Abzweig nach Palos de la Frontera und *La Rábida (S. 45)* sehen, wo Sie auf Nachbauten der Kolumbus-Schiffe herumklettern können. Über eine kleine Landstraße fahren Sie an Moguer vorbei bis zur A 472, der Sie 15 km in Richtung Sevilla folgen, bis schließlich *Niebla (S. 43)* vor Ihnen auftaucht.

Auf der Nebenstrecke HV 5111 geht es durch sanftes Bergland an La Florida vorbei nach Valverde del Camino. Hier nehmen Sie die gut ausgebaute Nationalstraße N 435 Richtung Norden. Die Strecke wird nun immer bergiger und kurvenreicher. 55 km hinter Valverde del Camino ist der Abzweig nach Aracena ausgeschildert. Entweder fahren Sie hier direkt nach *Aracena (S. 27)*, um sich ein Hotel zu suchen und von dort aus Ausflüge in die Sierra zu unternehmen. Oder Sie machen einen kleinen Umweg und schauen in einigen der verträumten Dörfer der Gegend vorbei.

Olivenhaine in der Provinz Jaén

Der Stausee Embalse del Negratín schimmert im Sonnenlicht

Lohnend ist zunächst ein Abstecher nach *Almonaster la Real (S. 28).* Anschließend ein Stück weiter die N 435 hinauf bis zum Abzweig rechts nach Castaño Robledo. Ein Stück abenteuerliche Waldstraße erwartet Sie. An Castaño Robledo vorbei nach *Fuenteheridos* und *Alájar (S. 29).* Kurz vor Alájar liegt die *Ermita Reina de los Angeles* (Schild »Peña de Arias Montano« folgen), ein hübsches Ausflugsziel mit Restaurant, Keramikläden und Blick auf das Dorf Alájar. Auf der Weiterfahrt nach Aracena bietet sich ein Halt in *Linares de la Sierra (S. 29)* an.

Auf der Rückfahrt nach Sevilla über die N 433 machen Sie einen Abstecher nach *Zufre (S. 29)* und nach *Itálica (S. 43).*

2 DAS WÜSTE ANDALUSIEN

Weite Gegenden des andalusischen Ostens sind nichts als Stein und Sonne. Für die 200 km von Mojácar bis Cazorla sollten Sie sich einen Tag Zeit nehmen, für die 100 km von Cazorla bis Jaén einen weiteren Tag.

Von Mojácar fahren Sie über Garrucha und Vera zur Schnellstraße N 340. Bei Km 547 biegen Sie auf die gut ausgebaute Landstraße A 334 Richtung Baza ab. Die folgenden 78 km führen Sie durch die *Sierra de los Filabres* im Süden und die *Sierra de las Estancias* im Norden. Erster Halt im Marmordorf *Purchena,* dessen weiße Gassen zum Spaziergang einladen.

Rund 10 km weiter liegt *Serón* an der Strecke. Vom arabischen Castillo (13. Jh.) bietet sich ein schöner Blick über das trockene Bergland. Hinter *Baza* beginnt das abenteuerlichste Stück der Strecke quer durch den *Altiplano* der Provinz Granada. Insider Tipp Folgen Sie in Baza zunächst den Schildern nach Granada, bis Sie bald auf die Straße Richtung Pozo Alcón (A 315) stoßen. Sie fahren auf 1000 m Höhe über hartes Steppenland, das in Urzeiten ein See bedeckte. Mit einem Mal taucht vor Ihnen der *Embalse del Negratín* auf, ein türkis schimmernder Stausee. Die Straße überquert die Talsperre, dahinter liegt das Restaurant *El Pantano del Negratín (Di–So 11–21 Uhr, Tel. 958 34 22 65, €)* mit Blick aufs Wasser – der ideale Stopp fürs Mittagessen.

Die Landschaft verändert sich mit einem Schlag, wenn Sie die Provinzgrenze nach Jaén überqueren. Links und rechts nichts als Oliven. Nehmen Sie auf dem weiteren Weg von *Pozo Alcón* nach *Quesada* die Nebenstrecke, die sich durch Kiefernwälder zum Puerto de Tiscar hinaufwindet – das ist bereits der Südzipfel der *Sierra de Cazorla.* Der Blick hinab vom Pass auf die endlosen Olivenhaine raubt den Atem. Es geht bergab nach Quesada und hinter dem Ort wieder rechts bergauf über eine Nebenstraße nach *Cazorla (S. 47).* Hier haben Sie sich einen ruhigen Abend verdient.

Von Cazorla setzen Sie Ihre Reise über *Úbeda, Baeza (S. 60)* und *Jaén* nach Granada oder nach Córdoba fort.

3 DAS WEISSE ANDALUSIEN

Eine 350 km lange Rundfahrt mit Start und Ziel Ronda von Weißem Dorf zu Weißem Dorf, meist über Nebenstraßen, für die Sie mindestens drei, besser fünf Tage Zeit einplanen sollten.

Sie nehmen in Ronda die A 369 in Richtung Algeciras. Erste lohnende Stationen sind *Benadalid (S. 86)* und *Gaucín (S. 81).* Wenn Sie Gefallen an den maurischen Festungen finden, legen Sie danach einen Halt in *Jimena de la Frontera* (9000 Ew.) ein. Zu Füßen des Castillo aus dem 8. Jh. ist das Touristenbüro untergebracht *(tgl. 9–14 und 16–18 (im Sommer 17–19) Uhr, C/Misericordia, s/n, Tel. 956 64 05 69),* dort bekommen Sie Informationen zum angrenzenden *Parque Natural Los Alcornocales* (Korkeichen). Zum Übernachten bietet sich die familiäre *Posada La Casa Grande (5 Zi., C/Fuente Nueva, 42, Tel. 956 64 05 78, €)* an. Die Besitzer betreiben direkt nebenan eine ruhige Tapasbar, *La Cuadra (€).*

Weiter in Richtung Algeciras bis nach *Castellar de la Frontera (S. 84).* Folgen Sie der Beschilderung zum Castillo de Castellar, sonst landen Sie im neuen Dorf.

Nächste Station ist *Alcalá de los Gazules* auf der anderen Seite des Naturparks Los Alcornocales. Dafür müssen Sie von der A 369 nach Km 86 rechts in die kleine Nebenstraße Richtung Baños abbiegen. Der Ort ist unglücklicherweise nicht ausgeschildert, achten Sie deshalb rechts auf das Restaurant Juan Carlos: Direkt dahinter mündet die schmale, kurvenreiche Strecke nach Baños ein. Gleich zu Beginn der Route warnt ein großes Schild vor dem schlechten Zustand der Straße: Tempo 40, und das ist die ersten 5 km auch tatsächlich das Maximum. Sie werden mit dem schönen Gefühl belohnt, die Natur für sich zu haben. Nach etwa 8 km führt die Straße an einer Mülldeponie vorbei – darüber kreisen Schwärme von Möwen, Störchen und Adlern. Ein paar hundert Meter weiter gabelt sich die Straße, wieder ohne Wegweiser. Sie müssen links hinunterfahren. Dann stoßen Sie schon bald auf die Landstraße Richtung Jerez (A 381), der Sie die nächsten 100 km treu bleiben werden – sie wird

Am Hauptplatz in Grazalema

zurzeit vierspurig ausgebaut. Seien Sie auf Staus gefasst.

Nach etwa 40 km erreichen Sie *Alcalá de los Gazules* (5700 Ew.), eine weiße Kleinstadt mit maurischem Gepräge, wie hingeworfen auf die Flanken eines Hügels. Kurven Sie die schmalen Straßen hinauf bis zur Plaza Alta, von den Bewohnern La Playa genannt, weil sie hier ihr Sonnenbad nehmen. Am Platz steht prominent die Kirche San Jorge (18. Jh.). Alcalá de los Gazules ist klein und vom Tourismus ziemlich unentdeckt, Besucher ziehen noch neugierige Blicke auf sich. Die Abfahrt ist ein kleines Abenteuer – enger können Kurven kaum sein. Täglich von 6 Uhr morgens bis 2 Uhr nachts hat das oft knüppelvolle Restaurant *Hermanos Pizarro (Paseo de la Playa, 9, Tel. 956 42 01 03, €€)* geöffnet. Ein ordentliches Hotel ist das *San Jorge (16 Zi., C/Pico del Campo, s/n, Tel. 956 41 32 55, €–€€)*.

Weiter auf der A 381 Richtung Medina Sidonia. Die folgende Etappe führt Sie über eine schmale Landstraße (A 393) nach *Arcos* *(S. 85)*. Kurz vor dem Ziel bietet sich ein besonders schöner Blick auf die Stadt über dem Abgrund – was fehlt, ist eine Möglichkeit zum Halten. Von Arcos geht es nach Osten auf die Sierra de Grazalema zu. Eine gut ausgebaute Landstraße führt Sie Richtung El Bosque. Kurz vor El Bosque abbiegen Richtung Ubrique (A 373). Eine Weile fahren Sie nun an der Sierra entlang, bis Sie das Flüsschen Tavizna überqueren und auf einmal mittendrin sind in den Bergen. Kurz vor Ubrique biegen Sie links auf die kurvenreiche Landstraße (A 374) Richtung Grazalema ab. Nach wenigen Kilometern ist das nächste Ziel erreicht, das maurisch geprägte *Benaocaz* (600 Ew.). Hier füllt klare Bergluft Ihre Lungen, und Ihre Füße werden das weite Land durchwandern wollen. Informationen, gutes Essen und ein Bett finden Sie im *Refugio de Montaña* am nördlichen Ende des Dorfes *(Tel. 956 12 55 65, €, Restaurant nur Fr–So 9–24 Uhr)*. Nach preiswerten Apartments *(€)* können Sie unter *Tel. 956 12 55 77 (Casas Rurales San Antón)* fragen.

Auf der Weiterfahrt nach *Grazalema* *(S. 86)* teilen Sie die Straße hin und wieder mit Ziegen- und Schafherden. Von Grazalema führt eine abenteuerliche Höhenstraße (CA 531) zum *Puerto de las Palomas* (1357 m) hinauf, der Ihnen einen Schwindel erregenden Blick auf den Stausee von Zahara schenkt. In vielen Serpentinen geht es wieder hinab, vom Abgrund nur durch weiß getünchte Steinquader getrennt, bis Sie *Zahara de la Sierra (S. 87)* erreichen.

Auf der anderen Seite des Stausees liegt *El Gastor,* ein unentdecktes Weißes Dorf (2100 Ew.) mit einem einzigen Hostal *(Cástor y Pólux, 6 Zi., C/Puentecilla, 10, Tel. 956 12 36 05, €)* und Restaurant *(Los Cuñaos, tgl. ab 11 Uhr, C/ Félix Rodríguez de la Fuente, s/n, Tel. 956 12 39 50, €)*. Wenn Sie durch die stillen Straßen streifen, kommen Sie bald auf die Plaza de la Constitución mit dem Heimatmuseum und der Touristeninfo *(Tel. 956 12 39 41)*. Steigen Sie die C/Alta bis ans Ende hinauf. Drehen Sie sich um, und genießen Sie den Blick über den Platz und die Kirche, weiter über die Olivenhaine in braunviolett glänzender Erde, bis nach Olvera, das wie ein Schneefeld in der Sonne strahlt.

Über schlechte Straßen gelangen Sie nach *Olvera* (9100 Ew.), ein Hügel, von einer Haube weißer Häuser überzogen, aus der wuchtig die klassizistische Kirche Nuestra Señora de la Encarnación (1505) und das maurische Castillo (12. Jh.) hervorragen. Vom Kirchplatz aus bietet sich ein erhebender Blick über die Sierra und hinunter auf die verschachtelten Gassen des Ortes. Ein freundliches Hotel mit Restaurant ist das *Sierra y Cal (28 Zi., tgl. 12.30–15.30 und 20.30–23.30 Uhr, C/Nuestra Señora de los Remedios, 2, Tel. 956 13 03 03, €)*.

Auf der Weiterfahrt von Olvera nach Setenil finden Sie nach 2 km rechter Hand die bezaubernde *Ermita Nuestra Señora de los Remedios* (17./18. Jh.), eine über und über bemalte Wallfahrtskapelle, an die ein Patio voller Grünpflanzen grenzt, als wär's ein Gewächshaus zu Ehren der Jungfrau. Über *Setenil (S. 86)* kehren Sie nach Ronda zurück.

Zahara de la Sierra

Golf und Surfen gut

Dank der vielen Gäste ist auch das Sportangebot in Andalusien riesig

Andalusier sind Sportmuffel. Dafür ist es ihnen zu heiß. Außerdem entspricht es nicht ihrer Vorstellung von Lebensqualität, den eigenen Körper zur Erschöpfung zu treiben. Um ihre Gesundheit machen sie sich dabei wenig Sorgen. Sie wissen, dass ein entspanntes Gemüt mehr für ein langes Leben tut als ein durchtrainierter Körper.

Das Sportangebot in Andalusien ist trotzdem denkbar groß und vielfältig, den Touristen sei Dank. Die Natur hat das Ihre dafür getan, jedem Sportsfreund ein ideales Terrain zu bieten: den Skifahrern das Hochgebirge der Sierra Nevada, den Windsurfern die stürmische Küste bei Tarifa, den Wanderern die Naturparks und den Reitern das ganze Land. Jedes Touristenbüro informiert Sie über die Angebote.

FLIEGEN

Indalo-Wings

Der deutsche Fluglehrer Günter Brüne bietet in Garrucha bei Mojácar an der Costa de Almería halbstündige Rundflüge im Ultraleichtflugzeug an. Ein Flug im offenen Trike (Hängegleiter mit Motor) oder im geschlossenen Sportflugzeug kostet 49 Euro. Sie können auch Flugstunden nehmen. *Tel. und Fax 950 47 26 74, Mobiltel. 670 29 21 85, http://ul-fliegen.almeria.de*

Insider Tipp

Die Schlucht Garganta del Chorro: zurzeit leider gesperrt

GOLF

In keiner Region Europas finden sich so viele Golfplätze auf so engem Raum wie an der Costa del Sol. Auf der Schnellstraße entlang der Küste werden Autofahrer alle paar Kilometer mit großen Schildern daran erinnert: »Costa del Sol – Costa del Golf«. Doch auch an anderen Küstenabschnitten und im Landesinneren buhlen immer mehr Gemeinden um die Golftouristen. Insgesamt 57 Golfplätze gibt es in Andalusien, darunter der berühmteste aller spanischen Golfplätze, der Club Valderrama in Sotogrande. *Infos bei der Federación Andaluza de Golf, Tel. 952 22 55 90, www.golf-andalucia.net*

Dehesa Montenmedio

Der 18-Loch-Platz des Golf & Country Club bei Vejer de la Frontera gilt als einer der schönsten Europas. *Greenfee 75 Euro, Ctra. N 340, Km 42,5, Tel. 956 45 12 16, www.monteenmedio.com*

Valderrama

Nachdem hier 1997 der Ryder-Cup ausgetragen wurde, kennt der

Ruhm des Platzes keine Grenzen mehr. *Der Club lässt Gäste tgl. 12 bis 14 Uhr zu, Greenfee 250 Euro, Anmeldung Monate im Voraus. Avda. de Los Cortijos, 1, Sotogrande (bei San Roque), Tel. 956 79 12 00, www.valderrama.com*

RADFAHREN

Es gibt so gut wie keine Radwege, und die Autofahrer sind nicht daran gewöhnt, die Straße teilen zu müssen. Statt auf eigene Faust loszufahren, machen Sie lieber bei einer organisierten Tour mit. Viele Angebote finden Sie bei *Almería Bike Tours (C/Conde Villamonte 36, Almería, Tel. 950 31 73 00, www.almeria-bike-tours.de)*. Ein weiterer deutsch-spanischer Anbieter ist *Camaleón Sports (Los Cortijos de Mangueta, Zahora, bei Conil de la Frontera, Tel. und Fax 956 43 73 23, www.camaleonsports.de)*.

REITEN

Unzählige Reiterhöfe *(picaderos)* bieten in Andalusien Ausritte jeder Art und Länge an. An der Küste entlang, über Kampfstierweiden oder versteckte Wege der Naturparks – nur für ein paar Stunden oder gleich mehrere Tage lang.

Alargavista

Ausritte am Rand des Nationalparks Doñana oder Insider Tipp Vollmondreiten in den *marismas* des Guadalquivir. *C/Ancha, 20, Sanlúcar de Barrameda, Mobiltel. 617 97 88 13, www.alargavista.com*

Al-hazán

Die Deutsche Hanna Wenzel bietet Ausritte durch die Sierra de Grazalema und achttägige Wanderritte bis nach Tarifa an. *Ctra. CA 5311, Km 3, Mobiltel. 610 32 91 46, www.al-hazan.net*

Hípica Novo Sancti Petri

Ausritte von einer Stunde bis einer Woche an der Costa de la Luz bei Chiclana. *Urbanización Novo Sancti Petri, parcela ED 2, Mobiltel. 608 85 73 99, www.hipica-novo.com*

SKI

Die Sierra Nevada vor den Toren Granadas ist das südlichste Skigebiet Europas mit 67 Pisten von insgesamt 75 km Länge. An Winterwochenenden von Dezember bis April ist auf der per Auto gut erreichbaren Skistation *Pradollano* (2080 m) die kalte Hölle los. *www.sierranevadaski.com*

TAUCHEN

An vielen Küstenorten können Sie in die Fluten des Mittelmeers und des Atlantiks eintauchen. Z. B. in Mojácar im *Centro Buceo Mojácar (Paseo del Mediterráneo, 55, Tel. 950 47 27 60)* oder in Conil de la Frontera im *Padi Dive Centre (Hotel Fuerte Conil, C/Hijuela de Lojo, s/n, Mobiltel. 630 23 44 26, www.divetarifa.com)*. Mehr Infos bei der *Federación Andaluza de Actividades Subacuáticas (Tel. 950 27 06 12, www.fedas.es/federac/and.htm)*.

WANDERN

Die schönste Art, die andalusischen Naturparks zu erkunden. Die *Centros de Interpretación* der Parks helfen mit Karten und Routenvorschlägen. Nicht immer sind die Wege so

Erfahrene Surfer treffen sich besonders gern in Tarifa

gut markiert, wie sich das ein Mitteleuropäer wünschen würde.

Sierra de Aracena
Ausführliche Infos über Wanderungen und Waldspazlergänge erhalten Sie in Aracena im *Centro de Interpretación del Parque Natural. April bis Okt. tgl. 10–14 und 18–20 Uhr, sonst tgl. 10–14 und 16–18 Uhr, Plaza Alta, Tel. 959 12 88 25.*

Sierra de Grazalema
Besucherzentrum im Dorf El Bosque *(Mo–Fr 10–14, Sa, So 9–14 Uhr, April–Sept. Mo–Sa auch 18 bis 20 Uhr, Okt.–März Sa auch 16–18 Uhr, Avda. de la Diputación, 1, Tel. 956 72 70 29).* In Grazalema bietet *Horizón (C/Corrales Terceros, 29, Tel. 956 13 23 63, www.horizon aventura.com)* geführte Wanderungen an.

Sierra Nevada
Über Wanderrouten durch den Nationalpark informiert das *Centro de Interpretación del Parque Nacional El Dornajo. April–Okt. tgl. 10 bis 14.30 und 16.30–19.30 Uhr, Nov. bis März tgl. 10–14 und 16–18 Uhr, Ctra. de la Sierra Nevada, Km 23, Tel. 958 34 06 25.*

WIND- UND KITESURFEN

Andalusien besitzt eines der attraktivsten Surfgebiete Europas: die Strände von Tarifa am südlichsten Ende der Iberischen Halbinsel. Die Meerenge von Gibraltar wirkt wie ein Windkanal – zur Freude erfahrener Surfer. Die Surfschulen haben sich nordwestlich von Tarifa entlang der N 340 und am Strand Richtung Punta Paloma niedergelassen, z. B. *Spin Out (Ctra. Cádiz, Km 75,5, Tel. 956 23 63 52); Dos Mares (Ctra. Cádiz, Km 79,5, Tel. 956 68 40 35).* Weitere Informationen unter *www.tarifa.de.* Wer leichtere Brisen vorzieht, fährt an die Mittelmeerküste. Hier bietet Roquetas de Mar an der Costa de Almería das breiteste Angebot für Windsurfer *(www.surfroquetas.com).*

Kinder gehören dazu

Die Andalusier sind kinderfreundlich. Wenn sie auch nicht immer die besten Eltern sind

Was für ein süßes Ding!«, ruft die Kassiererin im Supermarkt und verlässt für einen Moment ihren Platz hinter der Kasse, um sich zu dem Mädchen im Kinderwagen hinabzubeugen, es kräftig zu herzen und zu küssen. Die Mutter steht stolz daneben und lässt es geschehen, die Leute in der Schlange lächeln vergnügt.

Andalusier mögen Kinder, vor allem fremde. Kinder sind eine Wonne, natürlich besonders die kleinen, die darf man anfassen und tätscheln, ohne dass die dazugehörigen Eltern sich aufregen. Sie selbst gehen mit den Kindern nicht nach Lehrbuch um, lassen ihnen in einem Moment alle Freiheit, um sie im nächsten heftig anzufahren – Erziehung aus dem Bauch heraus.

Als Urlauber mit Kindern werden sie in Andalusien auf keine besonderen Probleme stoßen. Kinder gehören zum Alltagsleben dazu – im Sommer oft bis nach Mitternacht. Zu erleben gibt es genug. Die Kleinen werden mit denselben großen Augen die Wunder der Maurenzeit bestaunen wie Sie. Und schließlich ist in den stark entwickelten Tourismusgebieten in den vergangenen Jahren ein kaum überschaubares Freizeitangebot eigens für Familien entstanden.

So klein und schon so fein

DER WESTEN

Aquopolis **[117 E4]**

Spaßbad in Sevilla. Die Buslinie 55 hält vor dem Haupteingang im Osten der Stadt. *Ende Mai–Anfang Sept. tgl. 11–19 Uhr (Juli und Aug. bis 20 Uhr), www.aquopolis.es/sevilla, Eintritt 12,50 Euro, Kinder (3–10 Jahre) 8 Euro*

Aventura Minaparque **[116 C3]** Inside Tipp

Am Río Tinto in der Provinz Huelva werden seit Jahrtausenden im Tagebau Metallerze abgebaut. Ein Museum in Minas de Riotinto *(tgl. 10.30–15 und 16–19 Uhr, Plaza Ernest Lluch, http://parqueminerodeoriotinto.sigadel.com)* erinnert an die Bergwerksgeschichte des Ortes, u. a. mit der Reproduktion einer römischen Mine. Von dort kann auch die spektakuläre *Corta Atalaya*, die größte offene Mine Europas, besichtigt werden. Ebenfalls im Programm: Eine Fahrt in einem 100 Jahre alten Zug entlang dem Río Tinto, von Oktober bis Mai am ersten Sonntag des Monats von einer Dampflok gezogen *(Okt.–Juni Sa, So 16 Uhr, Juli–Sept. tgl. 13.30 Uhr). Eintritt (Museum, Corta Atalaya, Zugfahrt) 15 Euro, Kinder 12 Euro*

Isla Mágica **[117 E4]**

Freizeitpark auf dem früheren Expo-Geländes in Sevilla, der die Zeit der Eroberungen aufleben lässt. *April–Mitte Juli Di–So 11–19 Uhr, Mitte Juli–Mitte Sept. tgl. 11–22 Uhr, Mitte Sept.–Anfang Nov. Sa und So 11–21 Uhr, www.islamagica.es, Eintritt 21 Euro, Kinder (5–12 Jahre) 14,50 Euro*

Muelle de las Carabelas **[116 B4]**
In La Rábida an der Mündung des Río Tinto liegen die originalgetreuen Nachbauten der drei winzigen Schiffe, mit denen sich Kolumbus und seine Leute 1492 aufs Meer hinaustrauten. *April–Sept. Di–Fr 10 bis 14 und 17–21 Uhr, Sa, So 11 bis 20 Uhr, Okt.–März Di–So 10–19 Uhr, Eintritt 3 Euro, Familie mit Kindern 6,25 Euro*

Mundopark **[117 E3]**
Freizeitpark bei Sevilla. Mit Zoo, botanischem Garten, schön gestalteten Fahrgeschäften und anderthalbstündiger Pferde- und Papageienshow. *Di–So 10–20 Uhr, Ctra. Guillena-Las Pajanosas, Km 4,2, Guillena, www.mundo-park.com, Eintritt 14 Euro, Kinder 9 Euro*

Parque Zoológico **[119 E4]**
Kleiner Zoo in Córdoba mit rund 200 Tierarten. *Wiedereröffnung 2004, bitte fragen Sie im Tourismusbüro nach*

Reserva Natural El Castillo de las Guardas **[117 D3]**
Safaripark, 58 km nordwestlich von Sevilla. Ein 10 km langer Rundweg führt durch ein Gehege mit fast 1000 Tieren, u. a. mit Giraffen, Nashörnern und Elefanten. Rundfahrt im eigenen Wagen oder in einer kleinen Bahn. *Tgl. 10.30–19 Uhr, Castillo de las Guardas, Eintritt 14 Euro, Kinder 10 Euro*

DER OSTEN

Aquaola **[125 E3]**
Kleines Spaßbad vor den Toren Granadas, auch für Kleinkinder geeignet. *Mitte Juni–Sept. tgl. 11–20 Uhr, Cenes de la Vega, www.aquaola.com, Eintritt 10 Euro (So 11,50 Euro), Kinder 7,50 Euro (So 8,60 Euro)*

Aqua Tropic **[125 E5]**
Spaßbad direkt am Strand in Almuñécar. *Juni und Sept. tgl. 11–18 Uhr, Juli und Aug. tgl. 11–19.30 Uhr, Paseo Marítimo bei der Playa de Velilla, www.aqua-tropic.com, Eintritt 11 Euro, Kinder 7 Euro*

Mario-Park **[127 D6]**
Spaßbad in Roquetas de Mar an der Costa de Almería. *Juni–Sept. tgl. 11–19 Uhr, www.mariopark.com, Eintritt 14 Euro, Kinder 9 Euro*

Parque de las Ciencias **[125 E3]**
Der unterhaltsame Wissenschaftspark ist Andalusiens meistbesuchtes Museum. Für 3- bis 7-Jährige eigener Saal. *Avda. del Mediterráneo, s/n, Granada, Di–Sa 10–19 Uhr, So 10–15 Uhr, 15.–30. Sept. geschl., www.parqueciencias.com, Eintritt 3,60 Euro, Kinder 2,60 Euro, Planetarium 1,60 Euro, Kinder 1,40 Euro*

Parque Ornitológico Loro Sexi **[125 E5]**
Sehr schön angelegter Vogelpark in Almuñécar mit fast 200 meist tropischen Arten. *Juli–Mitte Sept. tgl. 11–14 und 18–21 Uhr, www.almunecar.info/medioambiente/lorosexi, Eintritt 2,70 Euro, Kinder 1,70 Euro, Mitte Sept.–Juni tgl. 10–14 und 16–18 Uhr, Eintritt 2,03 Euro, Kinder 1,04 Euro*

DER SÜDEN

Aquapark Bahía de Cádiz **[122 B4]**
Großes Spaßbad. *Mitte Juni–Anfang Sept. tgl. 11–19 Uhr, El Puerto de Santa María, Ctra. NIV, Km 647, Eintritt 15,50 Euro, Kinder 11 Euro*

Aqua Velis **[125 D5]**
Eines der größten, vergnüglichsten (und teuersten) Freizeitbäder am östlichen Ende der Costa del Sol. *Juni und Sept. tgl. 11–18 Uhr, Juli bis Aug. tgl. 11–19 Uhr, Urbanización El Tomillar, Torre del Mar, Eintritt 16,50 Euro, Kinder 12,50 Euro*

Crocodiles Park **[124 B6]**
400 Krokodile, vom frisch geschlüpften bis zum 4-Meter-Exemplar. *Tgl. 10 Uhr bis zum frühen Abend, Torremolinos, C/Cuba, 14, www.crocodile-park.com, Eintritt 7,50 Euro, Kinder 5,35 Euro*

Parque Acuático Mijas **[124 B6]**
Eines der besten Spaßbäder an der Costa del Sol, bei Fuengirola. *Mai tgl. 10.30–17.30 Uhr, Juni und Sept. tgl. 10–18 Uhr, Juli und Aug. tgl. 10–19 Uhr, Ctra. N 340, Km 209, www.aquamijas.com, Eintritt 13,50 Euro, Kinder 8 Euro*

Sea Life Benalmádena **[124 B6]**
Schöner Unterwasserzoo, vor allem für kleine Kinder geeignet, die viel Spaß an den Seepferdchen haben. *Juni–Sept. tgl. 10–24 Uhr, Okt. bis Mai tgl. 10–18 Uhr, Puerto Deportivo Benalmádena, www.sealife.es, Eintritt 8,50 Euro, Kinder 6,50 Euro*

Selwo Aventura **[123 E4]**
Ein faszinierender Abenteuerpark bei Estepona, eine Mischung aus Zoo und Jahrmarkt. Die Kinder lieben ihn. *Febr.–Nov. tgl. 10–18 Uhr, Autovía Costa del Sol, Km 162,5, www.selwo.es, Eintritt 18 Euro, Kinder 12 Euro*

Viel Vergnügen im Spaßbad

Selwo Marina **[124 B6]**
2002 eröffneter Wasserpark an der Costa del Sol. Größte Attraktion: die Delphinshow. *Febr.–Nov. tgl. 10 bis 18 Uhr, Parque de la Paloma, Benalmádena, www.selwomarina.com, Eintritt 12,50 Euro, Kinder 8,50 Euro*

Zoo Jerez **[122 B3]** Insider Tipp
Der bedeutendste Zoo Andalusiens, inmitten einer Gartenanlage aus dem 19. Jh. eingerichtet. Unter den 200 Arten: der Weiße Tiger, einzigartig in Spanien. *15. Juni–15. Sept. tgl. 10–20 Uhr, 16. Sept.–14. Juni Di–So 10–18 Uhr, C/Taxdirt, www.zoobotanicojerez.com, Eintritt 4 Euro, Kinder 2,60 Euro*

Angesagt!

Was Sie wissen sollten über Trends, die Szene und Kuriositäten in Andalusien

Calimocho

Das Modegetränk der Jugend. Den Erwachsenen zieht's die Geschmacksnerven zusammen: Calimocho ist eine Mischung aus Rotwein und Cola. Am frühen Freitagabend machen sich die Teenager in Gruppen auf und holen sich billigen Rotwein, dazu Cola in Zweiliterflaschen. Zusammengeschüttet wird beides in den leeren Plastikflaschen vom vorigen Wochenende. Auf den Plätzen der Innenstädte gehen die Flaschen mit der rostbraunen Flüssigkeit rund wie einst in Woodstock die Joints.

Die ersten Erfahrungen

Andalusische Eltern sind nicht die liberalsten. Den Freund mit aufs Zimmer nehmen, gar über Nacht – um Gottes willen! Bleibt das Auto. Woher die Fußabdrücke an der Innenseite der Windschutzscheibe stammen, wollen Mama und Papa aber dann doch lieber nicht wissen.

Estrella

Estrella heißt Stern, und Estrella heißt der neue Stern am andalusischen Flamencohimmel. Im Frühjahr 2001 hat die 20-jährige Estrella Morente ihre erste Platte aufgenommen, »Mi cante y un poema«, und die Aficionados sind entzückt: diese samtweiche und zugleich profunde Stimme, mit der sie so viel Gefühl auszudrücken vermag wie die großen reifen Männer des Flamenco. Schön ist Estrella noch dazu. Sie kommt aus gutem Hause: Ihr Vater Enrique Morente ist einer der bedeutendsten Flamencosänger. Auf seinen jüngeren Platten wie »Omega« und »Lorca« singt Estrella im Hintergrund mit – Musik für den Schauer überm Rücken. Dass Flamenco manchmal auch in Diskotheken zu hören ist, daran ist die Gruppe Ketama schuld, die auf höchstem Niveau die leichte Flamencomuse pflegt. Ihre Liveplatte »De aki a Ketama« von 1995 ist schon ein Klassiker, deren Songs jeder Spanier mitsummen kann.

Mopeds

Die große Freiheit auf zwei Rädern. Nirgendwo kurven in Spanien so viele Mopeds herum wie in Andalusien. Je lauter, umso besser, und muss dafür auch der Auspuff angebohrt werden. Nierengurt, Integralhelm? – Uncool.

Von Anreise bis Zoll

Hier finden Sie kurz gefasst die wichtigsten Adressen und Informationen für Ihre Andalusienreise

ANREISE

Lufthansa fliegt täglich direkt von Frankfurt a. M., Swiss von Zürich nach Málaga. Condor, LTU und Hapag Lloyd bieten Charterflüge nach Málaga, Almería, Sevilla und gelegentlich nach Jerez de la Frontera. Von Frankfurt nach Málaga oder Sevilla sind Sie 3 Std. unterwegs. Air Berlin *(www.airberlin.com)* fliegt regelmäßig von 17 deutschen Flughäfen über Palma nach Almería, Jerez, Málaga und Sevilla. Hapag-Lloyd Express hat auf seiner Internetseite *(www.hlx.com)* gute Angebote von Köln-Bonn nach Sevilla. Eine Alternative für Kurzentschlossene: Mit LAN Chile fliegen Sie fünfmal die Woche günstig (je nach Saison 150 bis 300 Euro) von Frankfurt nach Madrid. Dort nehmen Sie den AVE (Schnellzug), der Sie in 2½ Std. nach Sevilla oder Cordoba bringt – Hin- und Rückfahrt kosten gut 100 Euro.

Andalusien ist weit: Von Freiburg nach Málaga sind es mit dem Auto gut 2000 km, von Aachen nach Málaga knapp 2300 km. Entweder fahren Sie nördlich über Paris, Bordeaux, das Baskenland und Madrid oder südlich über Lyon, Montpellier und Barcelona. Die Autobahngebühren summieren sich in beiden Fällen je Strecke auf knapp 90 Euro. Etwas bequemer haben Sie es mit dem Autoreisezug bis nach Narbonne kurz vor der spanisch-französischen Grenze. Preise Hin- und Rückfahrt Frankfurt-Narbonne: pro Person 163 bis 269 Euro, PKW 351 bis 582 Euro (Information und Buchung: *www.db-autozug.de)*.

Per Bahn sind Sie etwas länger als einen Tag unterwegs und zahlen hin und zurück im Normaltarif knapp 600 Euro.

Mit dem Bus brauchen Sie von Frankfurt nach Málaga anderthalb Tage, Hin- und Rückfahrt kosten 233 Euro. Informationen bei Deutsche Touring, Frankfurt *(Tel. 069/79 03 50, www.deutsche-touring.com)*, Viajes Benítez, Basel *(Tel. 061/321 14 68, www.benitez.ch)*.

AUSKUNFT

Zentrale Rufnummer für Broschüren und Infomaterial: *06123/991 34.*

Spanisches Fremdenverkehrsamt, 10707 Berlin, Kurfürstendamm 63, Tel. 030/882 65 43, Fax 882 66 61, berlin@tourspain.es
– 40237 Düsseldorf, Grafenberger Allee 100, Tel. 0211/680 39 81, Fax 680 39 85
– 60323 Frankfurt, Myliusstraße 14, Tel. 069/72 50 38, Fax 72 53 13
– 80336 München, Schubertstraße 10, Tel. 089/530 74 60, Fax 53 07 46 20

– 1010 Wien, Walfischgasse 8–14, Tel. 01/512 95 80, Fax 512 95 81
– 8008 Zürich, Seefeldstrasse 19, Tel. 01/252 79 30, Fax 252 62 04

AUTO

Das andalusische Straßennetz ist großzügig ausgebaut worden. Die Provinzhauptstädte sind untereinander durch Autobahnen verbunden; bestehende Lücken werden Stück für Stück geschlossen. Nur wenige Autobahnen in Andalusien sind gebührenpflichtig, zu erkennen am Kürzel AP *(autopista de peaje)*. Auch die Nationalstraßen (mit N nummeriert) sind fast immer in hervorragendem Zustand. Das A vor den Nummern der meisten Fernstraßen steht für Andalusien, nicht für Autobahn.

Tempolimit in Orten 50 km/h, auf Landstraßen 90 km/h, auf Autobahnen 120 km/h. Die erlaubte Grenze für Alkohol im Blut liegt bei 0,5 Promille. Es herrscht Gurtpflicht. Seit 2001 ist an den Tankstellen ausschließlich bleifreies Benzin *(sin plomo)* erhältlich. Pannenhilfe leistet der Automobilclub RACE, *Tel. 902 30 05 05*. Der ADAC hat in Spanien für seine Mitglieder den Notruf *Tel. 935 08 28 28* eingerichtet.

BAHN & BUS

Das spanische Eisenbahnnetz ist nicht besonders eng. Die bisher einzige und wirklich empfehlenswerte Schnellbahnverbindung (AVE) führt von Madrid über Córdoba nach Sevilla. Wenn Sie sich sonst in Andalusien per Bahn fortbewegen wollen, wappnen Sie sich mit Geduld: Die Züge sind zwar pünktlich, aber langsam. Die staatliche Eisenbahngesellschaft heißt RENFE (Auskunft und Reservierung *Tel. 902 24 02 02, www.renfe.es* oder in der Schweiz bei *TTR, Tel. 01/715 05 65, www.ttr-sand.ch)*.

Die häufig verkehrenden Überlandbusse sind eine bequeme Alternative. Fragen Sie bei der Touristeninformation nach dem Busbahnhof *(estación de autobuses)* im Ort. Dort haben die Busgesellschaften ihre Schalter und versorgen Sie mit Fahrplänen und Tickets. Bus und Bahn sind vergleichsweise preiswert.

Die Luxusvariante ist der Nostalgiezug *Al-Andalus*, der auf sechstägige Rundreise von Sevilla über Córdoba, Granada und Ronda geht. Das Paket mit Ausflügen kostet zwischen 2850 und 4070 Euro. Buchen können Sie in Deutschland bei *Ibero Tours (Tel. 0211/864 15 10, www.iberotours.de)*, in Österreich bei *Siesta (Tel. 01/587 96 21, www.siesta.at)*, oder unter *www.alandalusexpreso.com*.

CAMPING

132 offizielle Campingplätze gibt es in Andalusien, je nach Qualität in erste, zweite und dritte Kategorie aufgeteilt. Das Faltblatt *guía de camping* (Campingführer) erhalten Sie für 1 Euro in den Touristenbüros oder unter *Tel. 954 17 11 60, Fax 954 17 12 78*.

DIPLOMATISCHE VERTRETUNGEN

Deutsche Konsulate
www.embajada-alemania.net
– 04720 Aguadulce (Honorarkonsul), Avda. Carlos III, 401, Tel. 950 34 05 55

– 11407 Jerez de la Frontera (Honorarkonsul), Avda. Duque de Abrantes, 44, Tel. 956 30 69 17
– 29006 Málaga, C/Mauricio Moro Pareto, 2, Tel. 952 36 35 91
– 41001 Sevilla, C/Fernández y Gonzáles, 2, Tel. 954 23 02 04

Österreichische Konsulate
– 29001 Málaga, Alameda de Colón, 26–2, Tel. 952 60 02 67
– 41001 Sevilla, C/Marqués de Parada, 26, Tel. 954 22 21 62

Schweizer Konsulate
– 11201 Algeciras (Honorarkonsul), C/Coronel Ceballos, 20, Tel. 956 57 15 13
– 29080 Málago, Aptdo. Correos 7, nur schriftlich erreichbar oder über Mobiltel. 645 01 03 03

Was kostet wie viel?

Taxi	**60 Cent** pro Kilometer
Kaffee	**1,20 Euro** für einen café solo
Gazpacho	**4 Euro** für einen Teller Gazpacho
Wein	**2,50 Euro** für ein Glas Wein
Benzin	**85 Cent** für einen Liter Super
Liegestuhl	**3 Euro** Miete pro Tag

EINREISE

Zur Einreise nach Spanien genügt ein gültiger Personalausweis bzw. Kinderausweis. Ausweiskontrollen müssen Sie an der Grenze zu Gibraltar erdulden und neuerdings wieder häufiger auf den Flughäfen.

GELD & PREISE

Andalusien ist immer noch ein wenig preiswerter als Deutschland. Geld können Sie überall mit der EC-Karte ziehen. Fast überall können Sie mit Kreditkarten von Visa oder Mastercard bezahlen. Banken und Sparkassen sind üblicherweise montags bis freitags 8 bis 14.30 Uhr geöffnet.

GESUNDHEIT

Falls Sie dringend einen Arzt brauchen, erkundigen Sie sich nach dem nächsten Krankenhaus mit einer Notaufnahme *(urgencia)*. Rechnen Sie dort mit einiger Warterei. Das spanische Gesundheitssystem ist medizinisch auf der Höhe der Zeit, aber tendenziell überlastet.

Sie sollten sich vor Reiseantritt bei Ihrer Krankenkasse einen Auslandskrankenschein besorgen, damit werden Sie in den staatlichen Krankenhäusern und von den Ärzten des »Servicio Andaluz de Salud« (SAS) kostenlos behandelt. Wenn Sie sich in einer privaten Arztpraxis oder einer Privatklinik behandeln lassen, zahlen Sie an Ort und Stelle und reichen die möglichst detaillierten Rechnungen dann später zu Hause ein. Der Abschluss einer Reisekrankenversicherung kann sinnvoll sein.

INTERNET

Die besten Adressen: *www.tourspain.es,* die Website des Spanischen Fremdenverkehrsamts, auch auf Deutsch. *www.andalucia.com,* poppige Seite für Andalusientouristen auf Englisch und Spanisch, mit vielen Links. *http://altur.com,* schön gemachte Seite für Andalusientouristen auf Englisch und Spanisch. *www.andalucia.org,* die offizielle Website der Regionalregierung für Andalusienreisende, auch auf Deutsch. Eine Reihe schöner Unterkünfte in historischen Gebäuden in ganz Spanien finden Sie unter *www.estancias.com*

INTERNETCAFÉS

Suchmaschine für spanische Internetcafés: *www.ciberlocales.com*
– La Curva, Cádiz, Avda. Segunda Aguada, 21, Tel. 956 07 14 36
– Ciberlocal Enredados, Córdoba, Pje. Platero Alcántara, s/n, Tel. 957 75 01 71
– Granad@rroba, Granada, Placeta de la Encarnación 2, Tel. 958 20 32 67, www.granadarroba.es
– rent@net, Málaga, C/Santiago, 8, Tel. 952 22 02 41
– Cyberplay Triana, Sevilla, C/Constancia, 11 (Triana), Tel. 954 27 50 19, www.ciberplay.net

JUGENDHERBERGEN

Informationen über die 20 andalusischen Jugendherbergen erhalten Sie unter *Tel. 902 51 00 00* und *www.inturjoven.com*

KLIMA & REISEZEIT

Frühling und Herbst sind die angenehmsten Jahreszeiten für eine Andalusienreise. Im Juli und August müssen Sie am Tag mit drückender Hitze rechnen, dafür sind die Nächte auf den Terrassen eine Wonne.

Die spanischen Schulferien dauern von Juli bis September, außerdem Weihnachten bis 6. Januar und Semana Santa. Kurzentschlossene haben es zu diesen Zeiten schwer, ein Bett zu bekommen. Im Winter wird es zwar kühl, aber nicht wirklich kalt. Die berühmten Sehenswürdigkeiten sind dann weniger überlaufen.

EL LEGADO ANDALUSÍ

Die andalusische Regionalregierung rief 1995 die Organisation *El Legado Andalusí* ins Leben, zu Deutsch: das Erbe des Al-Andalus. Deren Ziel ist es, das maurische Erbe zu erforschen, zu bewahren, bekannt zu machen und schließlich touristisch zu nutzen. Dafür hat das Büro von *El Legado Andalusí* im Corral del Carbón von Granada Insider Tipp sieben Routen ausgearbeitet, die Sie auf den Spuren der Mauren durch Andalusien führen. *Tel. 902 19 51 95* oder *958 22 59 95, www.legadoandalusi.es*

MIETWAGEN

In Touristenorten sind Mietwagen meist etwas billiger als in den Großstädten. Der Tagespreis für das kleinste Modell liegt zwischen 24 und 42 Euro. Häufig zu finden an der andalusischen Küste sind *Niza-cars (Tel. 952 23 61 84, www.nizacars.es)* und *Prima Rent a Car (Tel. 952 31 09 75, www.rentacarprima.com)*. Der Preisvergleich lohnt auch mit dem internationalen Anbieter *Hertz (Tel. 917 49 90 69, www.hertz.es)*, deren Wagen immer mit Klimaanlage ausgestattet sind, ein sinnvoller Luxus. Weitere Angebote für Autovermietungen unter *www.marcopolo.de*.

NOTRUF

Tel. 112 – Mit etwas Glück spricht der Mensch am anderen Ende der Leitung auch Englisch. Er leitet Ihre Bitte an die Polizei, Feuerwehr oder andere Notfalldienste weiter.

ÖFFNUNGSZEITEN

Die Öffnungszeiten in diesem Band sind gewissenhaft recherchiert. Doch kaum etwas ändert sich in Andalusien so schnell wie die Tage und Uhrzeiten, zu denen die Sehenswürdigkeiten geöffnet sind. Die Tourismusbüros kennen die aktuellen Zeiten. Auch die Restaurants ändern leicht einmal ihre Öffnungszeiten. Rufen Sie vorher an, wenn Sie auf Nummer sicher gehen wollen.

STROM

In manchen einfachen Pensionen gibt es noch alte Steckdosen, in die nicht jeder Stecker passt; die Wirte haben dann jedoch meist einen Adapter zur Hand. Um Ihr Modem in die Telefonbuchse einzustöpseln, benötigen Sie den international gebräuchlichen Westernstecker.

TABAKLÄDEN

In den staatlich konzessionierten Tabakläden, *estancos* (zu erkennen am braunen T auf gelbem Grund), gibt es auch Briefmarken und Telefonkarten. Zigaretten kosten hier 15 Cent weniger als am Automaten.

TELEFON & HANDY

Auslandsvorwahlen aus Spanien: Deutschland 0049, Österreich

0043, Schweiz 0041. Danach lassen Sie die erste 0 der Ortsvorwahl weg. Auslandsauskunft 11825, Inlandsauskunft 11818.

Bei Anrufen aus dem Ausland nach Spanien wählen Sie die Vorwahl 0034 und dann die komplette Rufnummer. Innerhalb Spaniens wählen Sie auch bei Ortsgesprächen immer die neunstellige Nummer, da die früheren Ortsvorwahlen seit 1998 integriert sind. Mobiltelefonnummern fangen mit einer 6 an.

Die Telefonzellen der Telefongesellschaft Telefónica akzeptieren sowohl Münzen als auch Telefonkarten. Um den teuren Gesprächsgebühren der Hotels zu entgehen, lohnt der Kauf einer Karte *(tarjeta prepagada)* im Tabakladen. GSM-Mobiltelefone tun in Spanien problemlos ihren Dienst, das Roaming ist aber abschreckend teuer, sodass Sie wünschen werden, keine Anrufe zu bekommen. Am besten lassen Sie Ihr Mobiltelefon zu Hause.

TRINKGELD

Der Kellner bringt Ihnen das Wechselgeld auf einem Teller, darauf können Sie dann ein paar Münzen liegen lassen – müssen Sie aber nicht. Ausnahme: teure Restaurants, wo 10 Prozent üblich sind. Im Taxi runden Sie auf. Einem Kofferträger im Hotel geben Sie mindestens 50 Cent.

ZOLL

Waren für den privaten Konsum sind innerhalb der EU zollfrei. Als persönlicher Bedarf gelten: 800 Zigaretten, 90 l Wein, 20 l Sherry, 10 l Spirituosen.

Wetter in Málaga

	Jan.	Feb.	März	April	Mai	Juni	Juli	Aug.	Sept.	Okt.	Nov.	Dez.
Tagestemperaturen in °C	16	17	18	21	23	27	29	29	27	23	19	17
Nachttemperaturen in °C	8	9	11	13	16	19	21	22	20	16	12	9
Sonnenschein Std./Tag	6	6	6	8	10	11	11	11	9	7	6	5
Niederschlag Tage/Monat	5	5	6	3	2	1	0	0	2	4	6	5
Wassertemperaturen in °C	15	14	14	15	17	18	21	22	21	19	17	16

¿Hablas español?

»Sprichst du Spanisch?«
Dieser Sprachführer hilft Ihnen, die wichtigsten Wörter und Sätze auf Spanisch zu sagen

Zur Erleichterung der Aussprache:

c	vor »e« und »i« stimmloser Lispellaut stärker als engl. »th«
ch	stimmloses »tsch« wie in »tschüss«
g	vor »e, i« wie deutsches »ch« in »Bach«
gue, gui/que, qui	das »u« ist immer stumm, wie deutsches »g«/»k«
j	immer wie deutsches »ch« in »Bach«
ll, y	wie deutsches »j« zwischen Vokalen. Bsp.: Mallorca
ñ	wie »gn« in »Champagner«

AUF EINEN BLICK

Ja./Nein.	Sí./No.
Vielleicht.	Quizás./Tal vez.
In Ordnung./Einverstanden!	¡De acuerdo!/¡Está bien!
Bitte./Danke.	Por favor./Gracias.
Vielen Dank!	Muchas gracias.
Gern geschehen.	No hay de qué./De nada.
Entschuldigung!	¡Perdón!
Wie bitte?	¿Cómo dice/dices?
Ich verstehe Sie/dich nicht.	No le/la/te entiendo.
Ich spreche nur wenig …	Hablo sólo un poco de …
Können Sie mir bitte helfen?	¿Puede usted ayudarme, por favor?
Ich möchte …	Quiero …/Quisiera …/Me gustaría …
Das gefällt mir (nicht).	(No) me gusta.
Haben Sie …?	¿Tiene usted …?
Wie viel kostet es?	¿Cuánto cuesta?

KENNENLERNEN

Guten Morgen!	¡Buenos días!
Guten Tag!	¡Buenos días!/¡Buenas tardes!
Guten Abend!	¡Buenas tardes!/¡Buenas noches!
Hallo! Grüß dich!	¡Hola! ¿Qué tal?
Ich heiße …	Me llamo …
Wie ist Ihr Name, bitte?	¿Cómo se llama usted, por favor?
Wie geht es Ihnen/dir?	¿Cómo está usted?/¿Qué tal?

Danke. Und Ihnen/dir?	Bien, gracias. ¿Y usted/tú?
Auf Wiedersehen!	¡Adiós!
Tschüss!	¡Adiós!/¡Hasta luego!
Bis morgen!	¡Hasta mañana!

UNTERWEGS

Auskunft

links/rechts	a la izquierda/a la derecha
geradeaus	todo seguido/derecho
nah/weit	cerca/lejos
Wie weit ist das?	¿A qué distancia está?
an der Ampel	al semáforo
an der nächsten Ecke	en la primera esquina
Bitte, wo ist …	Perdón, ¿dónde está …
… der Busbahnhof?	… la estación de autobuses?
… die Haltestelle?	… la parada?
Fahrplan	horario
Eine Fahrkarte nach … bitte.	Un billete para …, por favor.
Ich möchte hier aussteigen.	Quiero bajar aquí.
Ich möchte … mieten.	Quisiera alquilar …
… ein Auto...	… un coche.
… ein Boot...	… un barco.

Panne

Ich habe eine Panne.	Tengo una avería.
Würden Sie mir bitte einen Abschleppwagen schicken?	¿Puede usted enviarme un cochegrúa, por favor?
Gibt es hier in der Nähe eine Werkstatt?	¿Hay algún taller por aquí cerca?

Tankstelle

Wo ist bitte die nächste Tankstelle?	¿Dónde estála gasolinera más cercana, por favor?
Ich möchte … Liter …	Quisiera … litros de …
… Normalbenzin.	… gasolina normal.
… Super./… Diesel.	… súper./… diesel.
Voll tanken, bitte.	Lleno, por favor.

Unfall

Hilfe!	¡Ayuda! / ¡Socorro!
Achtung!	¡Atención!
Rufen Sie bitte schnell …	Llame enseguida …
… einen Krankenwagen.	… una ambulancia.
… die Polizei.	… a la policía.
… die Feuerwehr.	… a los bomberos.

Haben Sie Verbandszeug?	¿Tiene usted botiquín de urgencia?
Es war meine Schuld.	Ha sido por mi culpa.
Es war Ihre Schuld.	Ha sido por su culpa.
Geben Sie mir bitte Ihren Namen und Ihre Anschrift.	¿Puede usted darme su nombre y dirección?

ESSEN/UNTERHALTUNG

Wo gibt es hier …	¿Dónde hay por aquí cerca …
… ein gutes Restaurant?	… un buen restaurante?
… ein nicht zu teures Restaurant?	… un restaurante no demasiado caro?
Reservieren Sie uns bitte für heute Abend einen Tisch für vier Personen.	¿Puede reservarnos para esta noche una mesa para cuatro personas?
Die Speisekarte, bitte.	La carta, por favor.
Könnte ich bitte ... haben?	¡Tráigame..., por favor!
… ein Messer?	… un cuchillo?
… eine Gabel?	… un tenedor?
… einen Löffel?	… una cuchara?
Auf Ihr Wohl!	¡Salud!
Bezahlen, bitte.	¡La cuenta, por favor!

EINKAUFEN

Wo finde ich …	Por favor, ¿dónde hay …
... eine Apotheke?	... una farmacia?
... eine Bäckerei?	... una panadería?
... ein Fotogeschäft?	... una tienda de artículos fotográficos?
... ein Einkaufszentrum?	... un centro comercial?
... ein Lebensmittelgeschäft?	... una tienda de comestibles?
... den Markt?	... el mercado?

ÜBERNACHTUNG

Können Sie mir bitte … empfehlen?	Perdón, señor/señora/señorita. ¿Podría usted recomendarme …
… ein Hotel...	… un hotel?
… eine Pension...	… una pensión?
Ich habe ein Zimmer reserviert.	He reservado una habitación.
Haben Sie noch …	¿Tienen ustedes …?
… ein Einzelzimmer?	… una habitación individual?
… ein Zweibettzimmer?	… una habitación doble?
… mit Dusche/Bad?	… con ducha/baño?
… für eine Nacht?	… para una noche?

… für eine Woche?	… para una semana?
… ein ruhiges Zimmer?	… una habitación tranquila?
Was kostet das Zimmer mit …	¿Cuánto cuesta la habitación con …
… Frühstück?	… desayuno?
… Halbpension?	… media pensión?

PRAKTISCHE INFORMATIONEN

Arzt

Können Sie mir einen guten Arzt empfehlen?	¿Puede usted indicarme un buen médico?
Ich habe hier Schmerzen.	Me duele aquí.
Ich habe …	Tengo …
… Kopfschmerzen.	… dolor de cabeza.
… Zahnschmerzen.	… dolor de muelas.
… Durchfall.	… diarrea.
… Fieber.	… fiebre.

Post

Was kostet …	¿Cuánto cuesta …
… ein Brief …	… una carta …
… eine Postkarte …	… una postal …
… nach Deutschland?	… para Alemania?
Eine Briefmarke, bitte	Un sello, por favor.

ZAHLEN

0	cero	19	diecinueve
1	un, uno, una	20	veinte
2	dos	21	veintiuno, -a, veintiún
3	tres	22	veintidós
4	cuatro	30	treinta
5	cinco	40	cuarenta
6	seis	50	cincuenta
7	siete	60	sesenta
8	ocho	70	setenta
9	nueve	80	ochenta
10	diez	90	noventa
11	once	100	cien, ciento
12	doce	200	doscientos, -as
13	trece	1000	mil
14	catorce	2000	dos mil
15	quince	10000	diez mil
16	dieciséis		
17	diecisiete	1/2	medio
18	dieciocho	1/4	un cuarto

Reiseatlas Andalusien

Die Seiteneinteilung für den Reiseatlas finden Sie auf dem hinteren Umschlag dieses Reiseführers

Kartenlegende Reiseatlas

18 26	Autobahn mit Anschlussstellen Motorway with junctions
	Autobahn in Bau Motorway under construction
	Mautstelle Toll station
	Raststätte mit Übernachtung Roadside restaurant and hotel
	Raststätte Roadside restaurant
	Tankstelle Filling-station
	Autobahnähnliche Schnellstraße mit Anschlussstelle Dual carriage-way with motorway characteristics with junction
	Fernverkehrsstraße Trunk road
	Durchgangsstraße Thoroughfare
	Wichtige Hauptstraße Important main road
	Hauptstraße Main road
	Nebenstraße Secondary road
	Fernverkehrsbahn Main line railway
	Autozug-Terminal Car-loading terminal
	Bergbahn Mountain railway
	Kabinenschwebebahn Aerial cableway
	Sessellift Chair-lift
	Eisenbahnfähre Railway ferry
	Autofähre Car ferry
	Schifffahrtslinie Shipping route
	Landschaftlich besonders schöne Strecke Route with beautiful scenery
Alleenstr.	Touristenstraße Tourist route
XI-V	Wintersperre Closure in winter
	Straße für Kfz gesperrt Road closed to motor traffic
8%	Bedeutende Steigungen Important gradients
	Für Wohnwagen nicht empfehlenswert Not recommended for caravans
	Für Wohnwagen gesperrt Closed for caravans

Kósciol farny	Sehenswürdigkeit Object of interest
	Badestrand Bathing beach
	Besonders schöner Ausblick Important panoramic view
	Ausflüge & Touren Excursions & tours
	Nationalpark, Naturpark National park, nature park
	Sperrgebiet Prohibited area
	Kirche Church
	Moschee Mosque
	Kloster Monastery
	Schloss, Burg Palace, castle
	Ruinen Ruins
	Leuchtturm Lighthouse
	Turm Tower
	Höhle Cave
	Ausgrabungsstätte Archaeological excavation
	Feriendorf Tourist colony
	Motel Motel
	Jugendherberge Youth hostel
	Allein stehendes Hotel Isolated hotel
	Berghütte Refuge
	Campingplatz Camping site
	Flughafen Airport
	Flugplatz Airfield
	Staatsgrenze National boundary
	Verwaltungsgrenze Administrative boundary
	Grenzkontrollstelle Check-point
	Grenzkontrollstelle mit Beschränkung Check-point with restrictions
PARIS	Hauptstadt Capital
MARSEILLE	Verwaltungssitz Seat of the administration

A
B
C
1
2
3
4
5
6
PORTUGAL
Guadiana
Amareleja
Santo Amador
Moura
Safara
Barrancos
Encinasola
Fregenal de la Sierra
Higuera la Real
Cumbres de en Medio
Cumbres de San Bartolomé
Cumbres Mayores
Hinojales
Santo Aleixo da Restauração
Convento de Tomina
Sobral da Adiça
La Contienda
Aroche
712
Parque Nat.
Sierra de Ara
Pias
Vale de Vargo
Aldeia Nova de São Bento
Vila Verde de Ficalho
Rosal de la Frontera
El Puerto
La Corte
Galaroza
Jabugo
Fuenteheridos
Cortegana
Fuente del Oro
Castaño Robledo
Alájar
Linares de la Sierra
Almonaster la Real
Erm. de Sta. Eulalia
Vales Mortos
261
Agua Negra
Santa Bárbara de Casa
Cabezo Gordo
613
San Telmo
Valdelamusa
Campofrío
Paymogo
El Cerro de Andévalo
Silos de Calañas
Cabezas Rubias
El Campillo
Santuario de San Benito
Calañas
Zalamea la Real
Mina de São Domingos
Emb. del Chanza
Malagón
Puebla de Guzmán
Villanueva de las Cruces
Marigenta
Las Herrerías
Tharsis
Virgen de la Peña
Valverde del Camino
Emb. del Valverde
Rivera de
Puerto de la Laja
El Granado
Alosno
R. Oraque
La Florida
Villanueva de los Castillejos
Huelva
El Tumbalejo
Alcoutim
Sanlúcar de Guadiana
Emb. de Sancho
San Bartolomé de la Torre
Beas
La del
Río Tinto
San Silvestre de Guzmán
Emb. de Piedras
Tariquejo
Cebollar
183
R. Odiel
Gibraleón
Trigueros
Candón
Niebla
Villarrasa
Foz de Odeleite
Monte Gordo
160
R. Guadiana
Odeleite
Emb. de Los Machos
Bonares
Azinhal
Villablanca
HUELVA
San Juan del Puerto
Lucena del Puerto
Rociana del Condado
Lepe
Aljaraque
Moguer
El Empalme
Cartaya
Corrales
Ayamonte
Castro Marim
La Redondela
La Antilla
El Rompido
La Laguna del Portil
Monumento a Colón
Palos de la Frontera
El Corchuelo
Isla Cristina
Monasterio de la Rábida
Isla del Moral
Playa Canela
Playa del Portil
Punta Umbría
Vila Real de Sto. António
Vila Nova de Cacela
Monte Gordo
Praia de Cabanas
Ponta da Areia
Playa de Punta Umbría
Isla del Saltés
Mazagón
Torre del Oro
P. Nat. Entorno de Doñana
Playa de Castilla
Cuesta Maneli
Torre de la Higuera
Caño Guerre
Costa de la Luz
Golfo de Cádiz
10 km
386
258
439
301
201
435
433
260
493
495
490
499
E01
A49
431
497
442
472
494
461
IP1
125
89

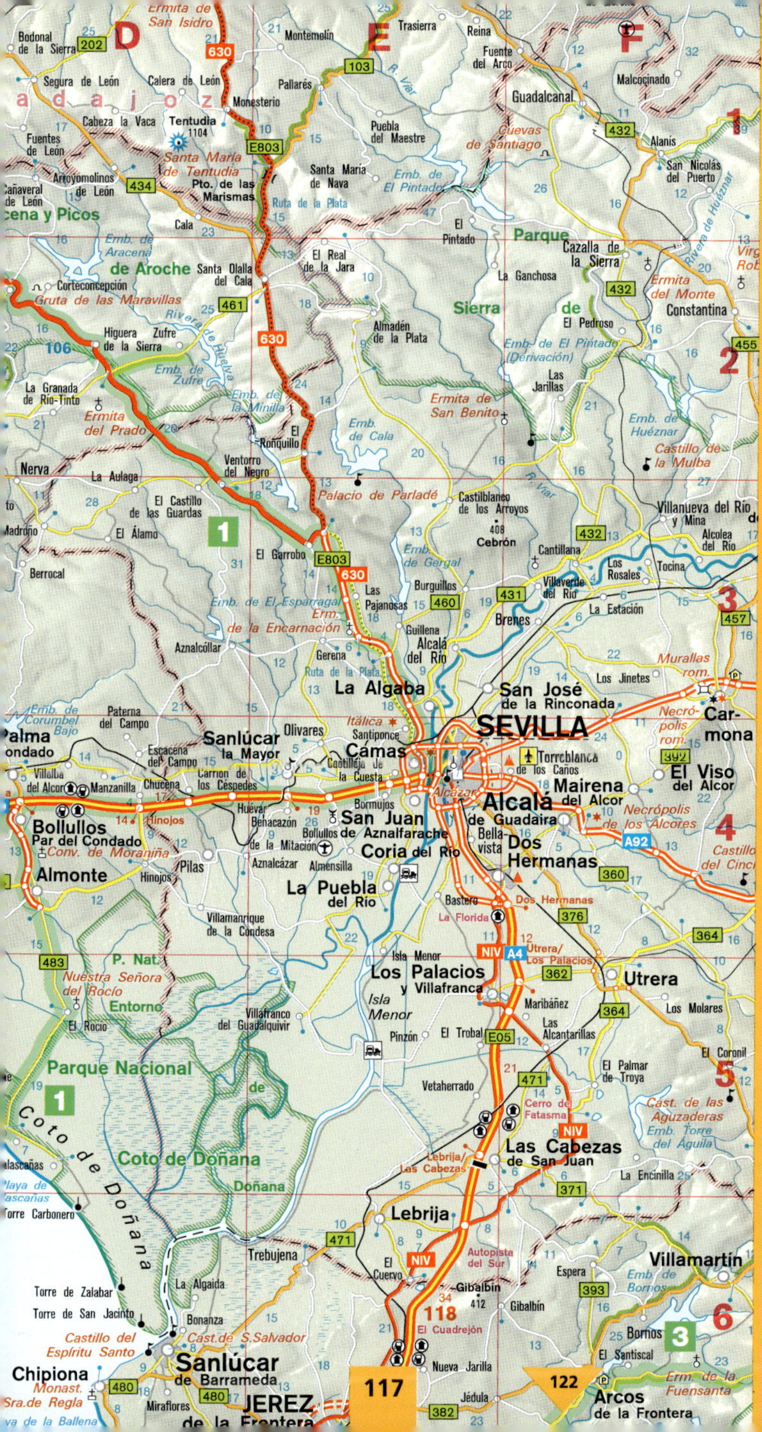
D
E
F
Ermita de San Isidro
Bodonal de la Sierra
Montemolín
Trasierra
Reina
Fuente del Arco
Malcocinado
Segura de León
Calera de León
Pallarés
Guadalcanal
Badajoz
Monesterio
Cabeza la Vaca
Tentudía 1104
Puebla del Maestre
Cuevas de Santiago
Alanís
Fuentes de León
Santa María de Tentudía
Santa María de Nava
San Nicolás del Puerto
Arroyomolinos de León
Pto. de las Marismas
Emb. de El Pintado
Cañaveral de León
Ruta de la Plata
Rivera de Huéznar
Aracena y Picos
Cala
El Pintado
Parque
Cazalla de la Sierra
Emb. de Aracena
de Aroche
Santa Olalla del Cala
El Real de la Jara
La Ganchosa
Ermita del Monte
Constantina
Corteconcepción
Gruta de las Maravillas
Sierra
de
El Pedroso
Higuera de la Sierra
Zufre
Rivera de Huelva
Almadén de la Plata
Emb. de El Pintado (Derivación)
Emb. de Zufre
Las Jarillas
La Granada de Río-Tinto
Emb. de la Minilla
Ermita del Prado
Emb. de Cala
Ermita de San Benito
Emb. de Huéznar
El Ronquillo
Castillo de la Mulba
Nerva
La Aulaga
Ventorro del Negro
Palacio de Parladé
R. Viar
Castilblanco de los Arroyos
Villanueva del Río y Mina
El Castillo de las Guardas
408 Cebrón
Alcolea del Río
El Álamo
El Garrobo
Cantillana
Berrocal
Los Rosales
Tocina
Emb. de Gergal
Villaverde del Río
Las Pajanosas
Burguillos
La Estación
Emb. de El Esparragal
Erm. de la Encarnación
Brenes
Guillena
Alcalá del Río
Aznalcóllar
Gerena
Murallas rom.
Ruta de la Plata
La Algaba
Los Jinetes
San José de la Rinconada
Emb. de Corumbel Bajo
Paterna del Campo
Itálica
Necrópolis rom.
Carmona
SEVILLA
Palma Condado
Escacena del Campo
Sanlúcar la Mayor
Olivares
Santiponce
Cámas
Torreblanca de los Caños
El Viso del Alcor
Villalba del Alcor
Manzanilla
Chucena
Carrión de los Céspedes
Castilleja de la Cuesta
Alcázar
Mairena del Alcor
Huévar
Benacazón
Bormujos
Alcalá de Guadaira
Bollullos Par del Condado
Hinojos
San Juan de Aznalfarache
Necrópolis de los Alcores
Conv. de Moraniña
Bollullos de la Mitación
Bellavista
Dos Hermanas
Castillo del Cincho
Aznalcázar
Almensilla
Coria del Río
Almonte
Pilas
Hinojos
La Puebla del Río
Bastero
Dos Hermanas
La Florida
Villamanrique de la Condesa
Utrera/Los Palacios
Isla Menor
Los Palacios y Villafranca
Utrera
P. Nat.
Nuestra Señora del Rocío
Entorno
Isla Menor
Maribáñez
Villafranco del Guadalquivir
Los Molares
El Rocío
Las Alcantarillas
Pinzón
El Trobal
El Coronil
Parque Nacional
de
El Palmar de Troya
Vetaherrado
Cerro de Fatasmal
Cast. de las Aguzaderas
Emb. Torre del Águila
Coto de Doñana
Coto de Doñana
Las Cabezas de San Juan
Lebrija/Las Cabezas
Doñana
La Encinilla
Matalascañas
Playa de Matalascañas
Torre Carbonero
Lebrija
Autopista del Sur
Villamartín
Trebujena
El Cuervo
Espera
Emb. de Bornos
Torre de Zalabar
La Algaida
Gibalbín 412
Gibalbín
Torre de San Jacinto
Bonanza
El Cuadrejón
Bornos
Castillo del Espíritu Santo
Cast. de S. Salvador
El Santiscal
Chipiona
Sanlúcar de Barrameda
Nueva Jarilla
Monast. Sra. de Regla
Erm. de la Fuensanta
Cueva de la Ballena
Miraflores
JEREZ de la Frontera
Jédula
Arcos de la Frontera
122
630
E803
103
202
432
434
461
106
455
431
460
457
392
A92
360
376
364
NIV
A4
362
E05
471
371
483
480
382
393
118
1
2
3
4
5
6

A
B
C
1
2
3
4
5
6
10 km
Puebla de la Reina
Valle de la Serena
Malpartida de la Serena
Castuera
Benquerencia de la Serena
Belén
Tiros
961
Cabeza del Buey
Higuera de la Serena
Zalamea de la Serena
Esparragosa de la Serena
Puerto Hurraco
Helechal
R. Zújar
Hornachos
943
Retamal
Monterrubio de la Serena
Puerto de Castuera
(673)
Badajoz
848
Santa Inés
Virgen de Fátima
Ermita del Cristo de las Injurias
Campillo de Llerena
Presa de los Molinos de Matachel
Castaños y Trasierra
Peraleda de Zaucejo
Hinojosa del Duque
Llera
R. Matachel
Ermita S. Ba
Valsequillo
Valencia de las Torres
Blázquez
La Granjuela
Higuera de Llerena
Maguilla
Villagarcía de la Torre
Granja de Torrehermosa
San Sebastián
Peñarroya Pueblonuevo
Berlanga
Castillo de Ricamonte
Fuente Obejuna
Emb. de Sierra Boyera
Bélmez
Llerena
Ahillones
Azuaga
La Cardenchosa
La Coronada
733
Calaveruela
Argallón
Navalcuervo
Villanueva del Rey
Valverde de Llerena
Trasierra
Reina
Ojuelos Altos
Fuente del Arco
Malcocinado
La Cardenchosa
R. Viar
R. Bembézar
Guadalcanal
SIERRA MORENA
Puebla del Maestre
Cuevas de Santiago
Alanís
Cast. de Név.
Emb. de El Pintado
San Nicolás del Puerto
P. Nat.
Santa María de Nava
Tiesa
673
Sierra
Emb. de Bembézar
El Pintado
Parque
Natural
Cazalla de la Sierra
Rivera de Huéznar
Virgen del Robledo
Las Navas de la Concepción
San Calixto
de Hornachuelos
Las Alj.
La Ganchosa
Ermita del Monte
Convento de los Ángeles
Sierra del Sevilla
Almadén de la Plata
El Pedroso
Constantina
Emb. del Retortillo
Emb. de El Pintado (Derivación)
Hornachuelos
Las Jarillas
La Puebla de los Infantes
Emb. de José Torán
Emb. del Retortillo (Derivación)
Moratalla
Ermita de San Benito
Emb. de Cala
Emb. de Huéznar
Castillo de Almenara
R. Guadalquivir
Castillo de la Mulba
Peñaflor
El Priorato
Palacio de Parladé
Castilblanco de los Arroyos
R. Viar
Villanueva del Río y Mina
Lora del Río
Palma del Río
Fuente Carreteros
408
Cebrón
Alcolea del Río
El Calonge
R. Genil
Emb. de Gergal
Cantillana
Los Rosales
Tocina
El Álamo
Cañada del Rosal
Las Pajanosas
Burguillos
Villaverde del Río
Brenes
La Estación
La Campana
Guillena
La Luisiana
Alcalá del Río
La Algaba
Murallas rom.
San José de la Rinconada
Los Jinetes
Fuentes de Andalucía
Carmona
Necrópolis rom.
Itálica
Santiponce
SEVILLA
R. Corbones
Camas
Torreblanca de los Caños
Los Arenales
El Viso del Alcor
Mairena del Alcor
Alcázar
Alcalá de Guadaira
Necrópolis de los Alcores
San Juan de Aznalfarache
Bellavista
Marchena
La Lantejuela
Coria del Río
Dos Hermanas
Los Ojuelos
Paradas
La Puebla del Río
Bastero
237
Sevilla
103
104
420
202
432
142
200
111
447
455
431
460
457
392
380
364
360
143
NIV
E05
A92
117

D
E
F
1
2
3
4
5
6
Ciudad Real
MORENA
Gualdálmez
Castillo Azñarón
Almadenejos
Castillo Manzaire
Castillo de Vioque
Alamillo
Ermita de la Santa Brígida
Brazatortas
Bienvenida
Cabezarrubias del Puerto
Santa Eufemia
San Benito
Castillo de Mochuelo
Ermita de San Juan
Pto. de Niefla (908)
Guijo
El Viso
Torrecampo
R. Guadalmez
Río Montoro
Villaralto
Dos Torres
Añora
Pedroche
Ermita de San Isidro
Cuevas de Peña Escrita
Conquista
Fuencaliente
Villanueva del Duque
Alcaracejos
Pozoblanco
502
430
Pto. Calatraveño (727)
Villanueva de Córdoba
420
Azuel
P. Nat.
Cardeña
Sierra de
Cardena
y Montoro
Venta del Charco
Cortijo de Garci-Gómez
Torrecilla
Chimorra 959
Espiel
421
Villaharta
R. Cuzna
Obejo
Emb. de Puente Nuevo
Villaviciosa de Córdoba
433
El Vacar
R. Guadalbarbo
432
Embalse de Guadalmellato
Emb. de S.Rafael Navallana
Santa Brígida
Ermita de la Virgen del Sol
Ermita de la Fuensanta
Montoro
Marmolejo
Adamuz
Cerro Muriano
Santuario de N. Señ. de Linares
Villafranca de Córdoba
Algallarín
E05
Pedro Abad
Villa del Río
Lopera
Santa María de Trassierra
Real Monasterio de San Jerónimo
Medina Azahara
Emb. de la Breña
Alcolea
NIV
El Carpio
306
309
Castillo de las Siete Torres
Bujalance
Villarrubia
431
El Higuerón
Mezquita Catedral
Almodóvar del Río
Majaneque
CÓRDOBA
Cañete de las Torres
Porcuna
Higuera de Calatrava
R. Guadajoz
El Jardín
Valenzuela
Guadalcázar
Santa Cruz
Santiago de Cala
Fuentidueña
La Fuencubierta
Aldea Quintana
331
Fernán-Núñez
305
Fuente Palmera
La Carlota
La Victoria
Castro del Río
Albendín
Villar
La Guijarrosa
San Sebastián de los Ballesteros
Castillo Espejo de Doshermanas
Los Noguerones
Los Algarbes
Castillo del Hornillo
Montemayor
Murallas
Baena
La Rambla
Montilla
Nueva Carteya
Doña Mencía
Santaella
Montalbán de Córdoba
Luque
Zuheros
La Montiela
Convento de las Descalzas
Aguilar
316
Cueva del Cerro de los Murciélagos
Cabra
Castillo de los Condes
P. Nat.
Zagrilla
La Aceñuela
Monturque
Carcabuey
351
Puente-Genil
Moriles
Sierra
388
R. Genil
340
Los Villares
Subbética
Marinaleda
Anzur
Castillo de Campo Real
Los Piedros
Lucena
Zambra
El Rubio
Herrera
Emb. de Cordobilla
Cañadillas
Las Lagunillas
Rute
Estepa
Algarinejo
Badolatosa
Casariche
Benamejí
Encinas Reales
Embalse de Iznájar
Iznájar
Fuentes de Cesna
Osuna
Gilena
Becerrero 847
Lora de Estepa
Palenciana
Cuevas de San Marcos

124

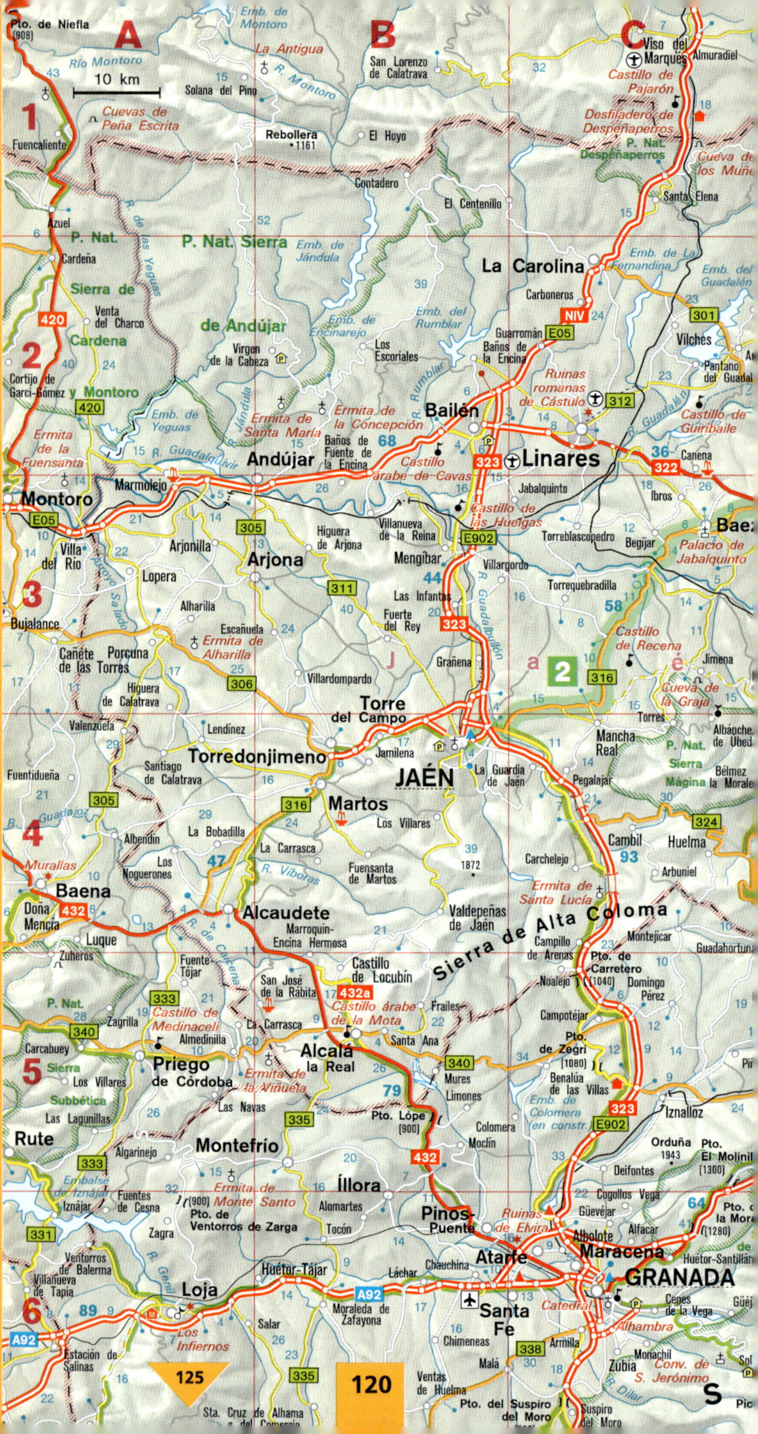

A
B
C
1
2
3
4
5
6
10 km
Pto. de Niefla (908)
Emb. de Montoro
La Antigua
Río Montoro
R. Montoro
San Lorenzo de Calatrava
Viso del Marqués
Almuradiel
Castillo de Pajarón
Solana del Pino
Cuevas de Peña Escrita
Fuencaliente
Rebollera 1161
El Hoyo
Desfiladero de Despeñaperros
P. Nat. Despeñaperros
Cueva de los Muñe
Contadero
El Centenillo
Santa Elena
Azuel
R. de las Yeguas
P. Nat.
P. Nat. Sierra
Emb. de Jándula
Cardeña
Sierra de
Cardena
Venta del Charco
de Andújar
La Carolina
Emb. de La Fernandina
Emb. del Guadalén
Carboneros
Emb. del Rumblar
Emb. de Encinarejo
NIV
E05
301
Vilches
Guarromán
Baños de la Encina
Los Escoriales
Virgen de la Cabeza
Cortijo de Garci-Gómez
y Montoro
420
Jándula
Ruinas romanas de Cástulo
312
Pantano del Guadal
Castillo de Guiribaile
Ermita de la Fuensanta
Emb. de Yeguas
Ermita de Santa María
Ermita de la Concepción
Bailén
Rumblar
R. Guadalquivir
Andújar
Baños de la Fuente de la Encina
68
Castillo árabe de Cavas
323
Linares
36
322
Canena
Montoro
Marmolejo
Jabalquinto
Ibros
E05
Villa del Río
Castillo de las Huelgas
E902
Torreblascopedro
Begíjar
Baeza
Palacio de Jabalquinto
305
Arjonilla
Arjona
Higuera de Arjona
Villanueva de la Reina
Mengíbar
Villargordo
Torrequebradilla
Lopera
Arroyo Salado
311
44
Las Infantas
58
Bujalance
Alharilla
Fuerte del Rey
R. Guadalbullón
Castillo de Recena
Escañuela
Ermita de Alharilla
323
Cañete de las Torres
Porcuna
Grañena
Jimena
306
Villardompardo
2
316
Cueva de la Graja
Higuera de Calatrava
Torre del Campo
Torres
Albánchez de Úbeda
Valenzuela
Lendínez
Mancha Real
P. Nat. Sierra Mágina
Torredonjimeno
Jamilena
JAÉN
La Guardia de Jaén
Pegalajar
Bélmez de la Moraleda
Fuentidueña
Santiago de Calatrava
305
316
Martos
Los Villares
324
Guadajoz
Cambil
Huelma
93
Albendín
La Bobadilla
La Carrasca
Carchelejo
Arbuniel
Muralla
Los Noguerones
47
R. Víboras
Fuensanta de Martos
1872
Baena
Ermita de Santa Lucía
Doña Mencía
432
Alcaudete
Valdepeñas de Jaén
Sierra de Alta Coloma
Montejícar
Luque
Marroquín-Encina Hermosa
Campillo de Arenas
Pto. de Carretero (1040)
Guadahortuna
Zuheros
R. de Caicena
Fuente-Tójar
Castillo de Locubín
Noalejo
Domingo Pérez
San José de la Rábita
432a
P. Nat.
333
Castillo de Medinaceli
Castillo árabe de la Mota
Frailes
Zagrilla
340
La Carrasca
Campotéjar
Almedinilla
Carcabuey
Pto. de Zegrí (1080)
Alcalá la Real
Santa Ana
Priego de Córdoba
340
Sierra Subbética
Ermita de la Virgen de la Viñuela
Mures
Benalúa de las Villas
Los Villares
79
Limones
Emb. de Colomera (en constr.)
Las Lagunillas
Las Navas
335
323
Pto. López (900)
Iznalloz
Rute
Colomera
E902
Moclín
Orduña 1943
Pto. El Molinillo (1300)
333
Algarinejo
Montefrío
432
Deifontes
Embalse de Iznájar
Ermita de Monte Santo
Íllora
Cogollos Vega
Iznájar
Fuentes de Cesna
(900)
Pto. de Ventorros de Zarga
Alomartes
Pinos-Puente
Güevéjar
64
Pto. de la Mora (1280)
Zagra
Tocón
Ruinas de Elvira
Albolote
Alfacar
331
Ventorros de Balerma
Atarfe
Maracena
Huétor-Santillán
R. Genil
Láchar
Chauchina
Villanueva de Tapia
Huétor-Tájar
GRANADA
Loja
A92
Cenes de la Vega
Güéjar
89
Moraleda de Zafayona
Santa Fe
Catedral
A92
Los Infiernos
Salar
Chimeneas
Alhambra
Estación de Salinas
338
Armilla
Monachil
Zubia
Conv. de S. Jerónimo
R. Dílar
125
335
120
Ventas de Huelma
Malá
Pto. del Suspiro del Moro
Suspiro del Moro
Sta. Cruz de Alhama
S

D
E
F
Castellar de Santiago
Castillo de Montizón
Villamanrique
Bienservida
Pto. de las Crucetillas (1480)
Villarrodrigo
Onsares
Villaverde de Guadalimar
Aldeaquemada
Génave
Castillo Tasca
Cotillas
Torres de Albánchez
Tus
Castillo el Cardete
Siles
Venta de los Santos
Emb. del Guadalmena
Puente de Génave
La Puerta de Segura
Castillo Bujalamé
Orcera
R. Guadalén
Aldeahermosa
Muela de Chiclana 998
Chiclana de Segura
Arroyo del Ojanco
Alcantarilla
Cuevas del Biche
El Campillo
Segura de la Sierra
Ermita de la Sierra de Agua
Parque
El Campillo
Porrosillo
Navas de San Juan
Santisteban del Puerto
Castellar de Santisteban
Sorihuela de Guadalimar
Erm. de Ntra. Sra. de la Consolación
Beas de Segura
Cortijos Nuevos
Gutar
El Calvario
Tranco
Emb. de El Tranco de Beas
Natural
R. Guadalimar
R. Guadalquivir
Ermita de la Estrella
Villanueva del Arzobispo
Villacarrillo
Los Centenaros
Santiago de la Espada
de
Albacete
Sabiote
Pontones
Mogón
Sierra de Cazorla
Cazorla
Sierra de Almorchón
Torreperogil
Úbeda
Santo Tomé
Chilluévar
Pto. de las Palomas (1290)
Segura y
Sagra 2383
Puebla de Don Fadrique
El Molar
Cazorla
Peal de Becerro
Las Villas
P. Nat. Sierra de Castril
Emb. de San Clemente
San Clemente
Emb. de Pedro Marín
Castillo de la Yedra
Venta de la Chata
Castillo Toya
Toya
Jódar
Quesada
Castillo Majuela
Emb. de La Bolera
Huéscar
Necrópolis de Tútugi
Cueva del Agua
Pto. de Tíscar (1183)
Tíscar-Don Pedro
Cebas
Castril
Las Almontarás
R. Guardal
Galera
Larva
R. Guadiana Menor
Huesa
Hinojares
R. Castril
Cabra del Santo Cristo
Pozo Alcón
Castilléjar
Orce
R. Guadalentín
Fontanar
Cortes de Baza
Perea 1612
Alicún de Ortega
Cuevas del Campo
Emb. de Negratín
Benamaurel
Cúllar-Baza
Río Fardes
Alamedilla
Jabalcón 1492
Sant. de Ntra. Sra. de la Cabeza
R. de Baza
Villanueva de las Torres
Baños de Alicún de las Torres
Zújar
1443
Bacor-Olivar
Freila
Pedro-Martínez
1447
Mencal
Gorafe
Alcazaba
Baza
El Sahuco
Almidar
Moreda
Huélago
Granada
El Baúl
Caniles
El Hijate
Fonelas
Las Viñas
Parque
Erm. de S. Torcuato
Santa Bárbara 2271
Natural
Darro
Benalúa de Guadix
Gor
Sierra de Baza
Alcóntar
Serón
Tíjola
Diezma
Purullena
Charches 2296
R. Fardes
Guadix
La Peza
P. Nat. Sierra Huétor
Alcudia de Guadix
Lugros
El Haza del Riego
Sierra de
Observatorio astronómico
Castillo
Jerez del Marquesado
Huéneja
Sierra
Lacalahorra
Fiñana
Almería
una carretera más alta de Europa
Gérgal
Nacimiento
SIERRA NEVADA
Abla
Pto. de la Ragua (2000)
Veleta 3392
3481
Parque Natural de Sierra Nevada
Alboloduy
121
126

117
118
112
SEVILLA
Alcalá de Guadaira
Mairena del Alcor
Dos Hermanas
Bollullos Par del Condado
Almonte
Pilas
Hinojos
Benacazón
Aznalcázar
Almensilla
Coria del Río
La Puebla del Río
Bella-vista
Necrópolis de los Alcores
Villamanrique de la Condesa
Conv. de Moraniña
P. Nat. Nuestra Señora del Rocío Entorno
El Rocío
Parque Nacional de Coto de Doñana
Coto de Doñana
Acebuche
Matalascañas
Playa de Matalascañas
Torre Carbonero
Villafranco del Guadalquivir
Isla Menor
Los Palacios y Villafranca
Utrera
Los Molares
Maribáñez
Las Alcantarillas
Pinzón
El Trobal
Vetaherrado
El Palmar de Troya
Cast. de las Aguzaderas
Cerro del Fatasma
Las Cabezas de San Juan
Emb. Torre del Águila
La Encinilla
Lebrija/Las Cabezas
Lebrija
Trebujena
El Cuervo
Autopista del Sur
Gibalbín
Espera
Emb. de Bornos
Bornos
El Santiscal
Erm. de Fuensanta
Torre de Zalabar
Torre de San Jacinto
La Algaida
Bonanza
Cast. de S. Salvador
Castillo del Espíritu Santo
Chipiona
Monast. Ntra. Sra. de Regla
Playa de la Ballena
Sanlúcar de Barrameda
Miraflores
JEREZ de la Frontera
El Cuadrejón
Nueva Jarilla
Castillo de Melgarejo
Jédula
Arcos de la Frontera
Jerez-Norte/Arcos
Jerez-Sur/Medina
La Barca de la Florida
Emb. de Guadalcacín
Aquasherry Park
Peña del Águila
Castillo de Luna
Rota
La Mata
El Puerto de Santa María
El Portal
La Ina
El Torno
San José del Valle
Cast. de S. Marcos
Bahía de Cádiz
Valdelagrana
Pto. Sta. María/Pto. Real
Algeciras/San Fernando
Puerto Real
Cádiz
Cast. de S. Sebastián
CÁDIZ
Las Palmas
Sta. Cruz de Tenerife, Sta. Cruz de la Palma
Parque Nat. Bahía de Cádiz
El Trocadero
Barrio de Jarana
San Fernando
Chiclana de la Frontera
Sancti Petri
Medina Sidonia
Paterna de Rivera
Castillo árabe de Luna
Alcalá de los Gazules
Los Naveros
Barrio Nuevo
Benalup de Sidonia
Jautor
Cueva del Tajo de las Figuras
Castillo de Benalup
Emb. de Celemín
Roche
Conil de la Frontera
Vejer de la Frontera
Los Caños de Meca
Castillo de Barbate
Barbate de Franco
P. Nat. Barbate
Cabo de Trafalgar
Alcornocales
Tahivilla
Facinas
Sant. de Ntra. Sra. de la Luz
Zahara de los Atunes
El Lentiscal
Pta. Camarinal
Ensenada de Bolonia
Tarifa
Pta. Marroquí o de Tarifa
Estrecho
Tanger
Costa de la Luz
OCÉANO ATLÁNTICO
10 km
NIV
A4
E05
A92
340
360
376
364
362
471
371
393
480
491
382
390
381
375
483

D
E
F
119
1
2
3
4
5
6
Marchena
Paradas
La Lantejuela
Los Ojuelos
Casablanca
El Rubio
Herrera
Estepa
Badolatosa
Casariche
Gilena
Becerrero
Lora de Estepa
Pedrera
Aguadulce
Osuna
Maestre
El Arahal
La Puebla de Cazalla
San Antonio del Fontanar
La Roda de Andalucía
Sierra de Yeguas
Fuente de Piedra
Sevilla
Murallas
Morón de la Frontera
R. Corbones
Martín de la Jara
L. Fuente de Piedra
Humilladero
Coronil
Montegil
El Saucejo
Los Corrales
Campillos
Las Encarnaciones
Villanueva de San Juan
Erm. de San Juan
Montellano
Castillo de Cote
Coripe
Algámitas
Almargen
Teba
Castillo de la Estrella
Bobadilla Estación
Emb. de Guadalhorce
Pruna
Olvera
Cañete la Real
Alcalá del Valle
Embalse del Chorro
Pantano del Chorro
Garganta del Chorro
Puerto Serrano
Algodonales
Torre-Alháquime
Ardales
Cuevas del Becerro
Castillo de Turón
Las Mellizas
Villamartín
Emb. de Zahara
El Gastor
Montecorto
Ruinas de Acinipo
Setenil
Málaga
Carratraca
Álora
Prado del Rey
Zahara
P. Nat. Sierra de Grazalema
Pto. de las Palomas
Cerro Prieto 1155
Grazalema
Arriate
El Burgo
Casarabonela
Pizarra
Pto. del Viento (1190)
Pto. de las Abejas (820)
Cueva del Hundidero
El Bosque
Pto. del Boyar (1103)
Montejaque
Ronda
Yunquera
Alozaina
Castillo de Tavizna
Benaoján
Serranía de Ronda
Tolox
Benaocaz
Villaluenga del Rosario
Cueva de la Pileta
Parque Natural Sierra de las Nieves
Coín
Ubrique
Cortes de la Frontera
Guaro
Monda
Alhaurín el Grande
Parque Natural
Igualeja
Atajate
Benadalid
R. Guadiaro
Pto. de Galiz (417)
La Angostura del Guadiaro
Algatocín
Jubrique
Emb. de la Concepción
Istán
Ojén
Altos de Marbella
Fuengirola
El Colmenar
Sierra Bermeja
Benahavís
Marbella Oeste
Marbella Este
El Chaparral
Elviria
La Sauceda
Gaucín
S. Pedro Alcántara
Nueva Andalucía
Los Monteros
Sitio de Calahonda
1448 Reales
Marbella
San Pedro Alcántara
Playa de Calahonda
Castillo Aguila
San Pablo de Buceite
Casares
El Velerín
Los
Jimena de la Frontera
Estepona
Costa del Sol
R. Guadarranque
Manilva
Acueducto rom. de Salduba
San Martín del Tesorillo
San Luis de Sabinillas
Castillo de Sabinillas
Emb. de Guadarranque
Castellar de la Frontera
Nuevo Guadiaro
Emb. de Charco Redondo
Almoraima
Pto. del Higuerón (151)
San Roque
Palmones
Puente Mayorga
La Línea de la Concepción
Los Barrios
Ruinas Rom.
Bahía de Algeciras
Gibraltar (GB)
Mar
Algeciras
Cueva de St. Michael
Pta. de Europa
Mediterráneo
Pto. del Cabrito (340)
Pta. del Carnero
La Costa
Castillo de Guzmán el Bueno
Estrecho de Gibraltar
MAGHRIB (MAROC)
Pta. Leona
Islote del Perejil (Esp.)
Ceuta (Esp.) (Sebta)
Benzú
Pta. Almina
Jbel Musa

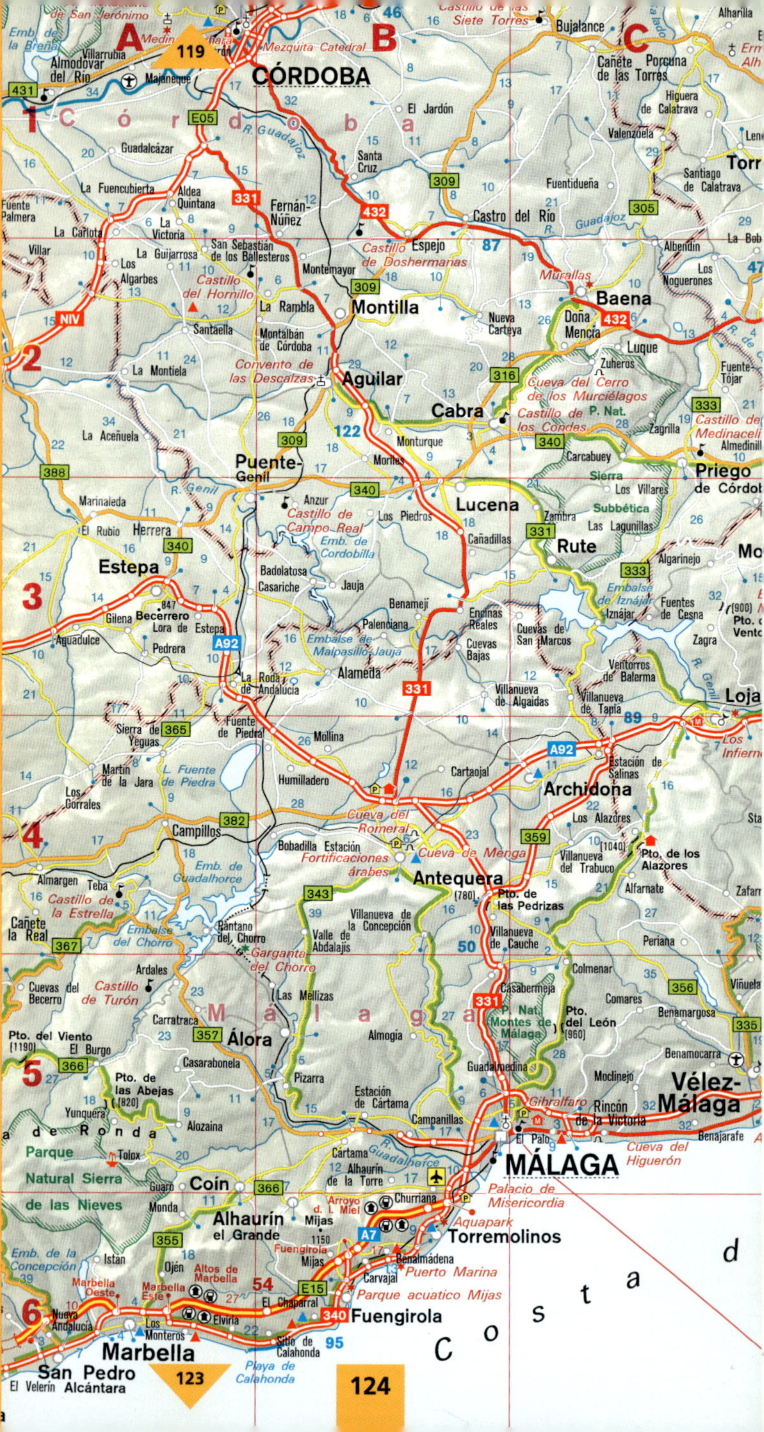

119
A
B
C
1
2
3
4
5
6
CÓRDOBA
Córdoba
Mezquita Catedral
Almodóvar del Río
Villarrubia
Majaneque
Medina Azahara
de San Jerónimo
Emb. de la Breña
Castillo de las Siete Torres
Bujalance
Cañete de las Torres
Porcuna
Higuera de Calatrava
Valenzuela
Santiago de Calatrava
El Jardón
Santa Cruz
Guadalcázar
R. Guadajoz
La Fuencubierta
Aldea Quintana
Fuente Palmera
La Carlota
La Victoria
Fernán-Núñez
Fuentidueña
Castro del Río
Espejo
Castillo de Doshermanas
San Sebastián de los Ballesteros
La Guijarrosa
Villar
Los Algarbes
Castillo del Hornillo
Montemayor
Montilla
La Rambla
Santaella
Montalbán de Córdoba
Murallas
Baena
Albendín
Los Noguerones
Nueva Carteya
Doña Mencía
Luque
Zuheros
Fuente-Tójar
La Montiela
Convento de las Descalzas
Aguilar
Cabra
Cueva del Cerro de los Murciélagos
Castillo de los Condes
P. Nat.
Zagrilla
Castillo de Medinaceli
Almedinilla
La Aceñuela
Puente-Genil
Monturque
Moriles
Carcabuey
Priego de Córdoba
Sierra Subbética
Los Villares
Marinaleda
El Rubio
Herrera
R. Genil
Anzur
Castillo de Campo Real
Los Piedros
Lucena
Zambra
Las Lagunillas
Emb. de Cordobilla
Cañadillas
Rute
Estepa
Badolatosa
Casariche
Jauja
Algarinejo
Benamejí
Encinas Reales
Embalse de Iznájar
Iznájar
Fuentes de Cesna
Pto. de Vento
Gilena
Becerrero
Lora de Estepa
Aguadulce
Pedrera
Palenciana
Embalse de Malpasillo-Jauja
Cuevas Bajas
Cuevas de San Marcos
Zagra
Ventorros de Balerma
La Roda de Andalucía
Alameda
Villanueva de Algaidas
Villanueva de Tapia
Loja
Sierra de Yeguas
Fuente de Piedra
Mollina
Los Infiernos
Estación de Salinas
Martín de la Jara
L. Fuente de Piedra
Humilladero
Cartaojal
Archidona
Los Corrales
Cueva del Romeral
Campillos
Bobadilla Estación
Fortificaciones árabes
Cueva de Menga
Los Alazores
Villanueva del Trabuco
Pto. de los Alazores
Almargen
Teba
Emb. de Guadalhorce
Antequera
Pto. de las Pedrizas
Alfarnate
Zafarraya
Castillo de la Estrella
Cañete la Real
Embalse del Chorro
Pantano del Chorro
Villanueva de la Concepción
Valle de Abdalajís
Villanueva de Cauche
Periana
Garganta del Chorro
Ardales
Colmenar
Viñuela
Cuevas del Becerro
Castillo de Turón
Las Mellizas
Casabermeja
Comares
Benamargosa
Carratraca
Málaga
P. Nat. Montes de Málaga
Pto. del León
Pto. del Viento
El Burgo
Álora
Almogía
Benamocarra
Casarabonela
Guadalmedina
Moclinejo
Vélez-Málaga
Pto. de las Abejas
Pizarra
Estación de Cártama
Gibralfaro
Rincón de la Victoria
Yunquera
Alozaina
Campanillas
El Palo
Benajarafe
Serranía de Ronda
Parque Natural Sierra de las Nieves
Tolox
Cártama
Alhaurín de la Torre
R. Guadalhorce
MÁLAGA
Cueva del Higuerón
Guaro
Coín
Palacio de Misericordia
Monda
Alhaurín el Grande
Arroyo d. l. Miel
Churriana
Mijas
Aquapark
Torremolinos
Emb. de la Concepción
Istan
Ojén
Fuengirola
Benalmádena
Altos de Marbella
Carvajal
Puerto Marina
Marbella Oeste
Marbella Este
El Chaparral
Parque acuatico Mijas
Nueva Andalucía
Elviria
Fuengirola
Los Monteros
Sitio de Calahonda
Marbella
San Pedro Alcántara
El Velerín
Playa de Calahonda
Costa d
123

D
E
F
1
2
3
4
5
6
120
Jódar
Venta de la Chata
Castillo de Recena
Castillo Toya
Toya
Jimena
Bedmar
Cueva de la Graja
Torres
Albánchez de Úbeda
Larva
Villardompardo
Fuerte del Rey
Grañena
Torre del Campo
Jamilena
Mengíbar
Martos
Los Villares
JAÉN
La Guardia de Jaén
Mancha Real
P. Nat. Sierra Mágina
Pegalajar
Bélmez de la Moraleda
Cabra del Santo Cristo
La Carrasca
R. Víboras
Fuensanta de Martos
Carchelejo
Cambil
Huelma
Arbuniel
Ermita de Santa Lucía
Alcaudete
Marroquín-Encina Hermosa
Valdepeñas de Jaén
Sierra de Alta Coloma
Campillo de Arenas
Pto. de Carretero
Montejícar
Guadahortuna
Alamedilla
Castillo de Locubín
San José de la Rábita
Castillo árabe de la Mota
Frailes
Noalejo
Domingo Pérez
Torre-Cardela
Pedro-Martínez
Mencal
Alamedilla
Alcalá la Real
Santa Ana
Campotéjar
Pto. de Zegrí
Benalúa de las Villas
Piñar
Moreda
Huélago
Fonelas
Ermita de la Viñuela
Mures
Limones
Emb. de Colomera (en constr.)
Iznalloz
Darro
Benalúa de Guadix
Las Navas
Pto. López
Colomera
Moclín
Orduña 1943
Pto. El Molinillo
Diezma
Purullena
Montefrío
Deifontes
Guadix
Íllora
Alomartes
Tocón
Cerros de Zarga
Ermita de Monte Santo
Pinos-Puente
Ruinas de Elvira
Cogollos Vega
Güevéjar
Pto. de la Mora
P. Nat. Sierra de Huétor
La Peza
R. Fardes
Lugros
Albolote
Alfacar
Maracena
Huétor-Santillán
Atarfe
Chauchina
Láchar
Huétor-Tájar
GRANADA
Jerez del Marquesado
Moraleda de Zafayona
Santa Fe
Cenes de la Vega
Güéjar-Sierra
Catedral
Alhambra
La carretera más alta de Europa
Salar
Chimeneas
Armilla
Monachil
Sol y nieve
Malá
Zubia
Conv. de S. Jerónimo
SIERRA
Parque Natu
Ventas de Huelma
Pto. del Suspiro del Moro
Suspiro del Moro
Pico de Veleta 3392
3481
Mulhacén
Cruz de Alhama o del Comercio
Cacín
Trevélez
Padul
Dúrcal
Bérchules
Alhama de Granada
Emb. de los Bermejales
Capileira
Granada
Pampaneira
Pitres
Cádiar
Arenas del Rey
Jayena
Albuñuelas
Tablate
Lanjarón
R. Guadalfeo
Játar
Órjiva
Alcaucín
Reserva Nacional de Sierra de Tejeda
Sedella
Cómpeta
Pago
Los Morones
Torvizcón
Guájar-Faragüit
Pto. Camacho
Albondón
Arenas
Frigiliana
Cuevas de Nerja
Otívar
Ítrabo
Vélez de Benaudalla
Lújar
Haza del Lino
Algarrobo
Torrox
Acueducto romano
Molvízar
Los Tablones
Albuñol
Torre del Mar
Aquavelis
Torrox-Costa
Nerja
Maro
La Herradura
Pta. de la Mona
Almuñécar
Salobreña
Motril
Torrenueva
Castell de Ferro
Calahonda
La Rábita
el Sol
Costa Tropical
10 km
Melilla

A
B
C
1
2
3
5
6
121
Baeza
Úbeda
Torreperogil
Santo Tomé
Chilluévar
Pto. de las Palomas
(1290)
P.N. Cazorla Segura y Las Villas
Begíjar
Palacio de Jabalquinto
El Molar
Cazorla
Peal de Becerro
Castillo de la Yedra
Emb. de Pedro Marín
Venta de la Chata
Castillo de Recena
Castillo Toya
Toya
Sierra de Cazorla
Sierra de Castril
San Clemente
Castril
Jimena
Bedmar
Jódar
Quesada
Castillo Majuela
Emb. de La Bolera
Cueva de la Graja
Torres
Albánchez de Úbeda
Mancha Real
P. Nat. Sierra Mágina
Cueva del Agua
Pto. de Tiscar
(1183)
Tiscar-Don Pedro
Cebas
Castril
Las Almontarás
Jaén
Larva
R. Guadiana Menor
Huesa
Hinojares
Bélmez de la Moraleda
Cabra del Santo Cristo
Pozo Alcón
R. Castril
R. Guadalentín
Cambil
Huelma
Arbuniel
Fontanar
Cortes de Baza
Alicún de Ortega
Cuevas del Campo
Emb. de Negratín
Coloma
Montejícar
Guadahortuna
Alamedilla
Río Fardes
Jabalcón
1492
Sant. de Ntra. Sra. de la Cabeza
R. de Baza
Pto. de Carretero
(1040)
Domingo Pérez
Torre-Cardela
Baños de Alicún de las Torres
Villanueva de las Torres
Zújar
Bacor-Olivar
Freila
Pedro-Martínez
1447
Mencal
Gorafe
Baza
Alcazaba
Caniles
Piñar
Moreda
Huélago
Almidar
Fonelas
Erm. de S. Torcuato
Las Viñas
El Baúl
Parque Natural Sierra de Baza
Santa Bárbara
2271
Iznalloz
Darro
Benalúa de Guadix
Gor
Orduña
1943
Pto. El Molinillo
(1300)
Diezma
Purullena
Deifontes
Charches
2296
Cogollos Vega
Güevéjar
R. Fardes
Guadix
Pto. de la Mora
(1280)
P. Nat. Sierra de Huétor
Alfacar
Albolote
Maracena
GRANADA
La Peza
Lugros
Alcudia de Guadix
Huétor-Santillán
Castillo
El Haza del Riego
Cenes de la Vega
Güéjar-Sierra
Jerez del Marquesado
Lacalahorra
Huéneja
Fiñana
Alhambra
La carretera más alta de Europa
Monachil
Conv. de S. Jerónimo
Zubia
Sol y nieve
SIERRA NEVADA
Pto. de la Ragua
(2000)
Abla
Nacimiento
R. Dílar
Suspiro del Moro
Pico de Veleta
3392
3481
Mulhacén
Parque Natural de Sierra Nevada
Paterna del Río
Ohanes
Granada
Padul
Dúrcal
Trevélez
Bérchules
Válor
Laroles
Laujar de Andarax
Canjáyar
Capileira
Ugíjar
Alcolea
Fondón
Pitres
Erm. de S. Sebastián
Tablate
Cádiar
Lanjarón
R. Guadalfeo
Órjiva
Sierra de Gádor
2242
Pago
Los Morones
Murtas
Benínar
Castala
(1219)
Torvizcón
Pto. Camacho
Albondón
Murallas
Vélez de Benaudalla
Berja
Dalías
Lújar
Haza del Lino
Los Clementes
Santa María del Águila
Molvízar
Los Tablones
Albuñol
El Ejido
Motril
Balanegra
La Mojonera
La Rábita
El Lance de la Virgen
Adra
El Puente del Río
Balerma
Torrenueva
Castell de Ferro
Calahonda
Guardias Viejas
Almerimar
Pta. Entinas
Costa Tropical
E902
E15
A92
A92N
301
315
316
322
323
324
326
334
340
347
348
58
64
70
93
105
127

Huéscar
Necrópolis de Tútugi
Galera
Castilléjar
Orce
Cúllar-Baza
Perea 1612
Sagra 2383
Puebla de Don Fadrique
Almaciles
El Moral
Canada de la Cruz
Ermita de las Peñicas
Ermita de la Encarnación
Almudema
Ermita del Calvario
Coy
Royos
Reg. de Murcia
Las Cobatillas
Cortijos Nuevos del Campo
La Cañada de Cañepla
Guadalupe
La Paca
Zarcilla de Ramos
Zarzadilla de Totana
Casas de Panes
Emb. de Puentes
Pantano de Puentes
Fuensanta
Lorca
El Aljibe y las Brencas de Sicilia
P. Nat. de la Sierra María
La Alfahuara
María
Vélez Blanco
Pto. de María (1200)
María 2045
Cueva de los Letreros
Vélez Rubio
Pto. de El Contador o de Vertientes (1130)
Rambla Chirivel
Chirivel
Los Guiraos
Los Tonosas
Pto. de Santa María de Nieva (1085)
Puerto Lumbreras
Esparragal
Sierra de las Estancias
Cueva de las Estalactitas
Abejuela
Oria
Saliente Alto
Taberno
Urcal
Almendricos
Pulpí
El Sahuco
La Ermita
Santa María de Nieva
El Hijate
Lúcar
Albox
Huércal-Overa
El Saltador
Emb. de Cuevas del Almanzora
Olula del Río
Cantoria
Purchena
Río Almanzora
Alcóntar
Serón
Tíjola
Macael
Sierro
Zurgena
Santa Bárbara
El Rincón
Cuevas del Almanzora
Los Lobos
Tenerife
Albánchez
Cóbdar
Ermita de la Cabeza
Bacares
Tetica 2080
Puerto de la Virgen (1070)
Barriada Las Canteras
Vera
Villaricos
Palomares
Antas
Sierra de los Filabres
Observatorio astronómico
Tahal
Velefique
Senés
Castro de Filabres
Lubrín
Cortijada el Pilar
Los Gallardos
Garrucha
Castillo Jesús Nazareno
Uleila del Campo
Los Castaños
Turre
Mojácar
Arráez 919
Gérgal
Almería
Los Yesos
Sorbas
Castillo Macenas
Torre del Peñón
Tabernas
Lucainena de las Torres
Polopos
Mini Hollywood
Alhabia
Colativí
1387
Sierra de Alhamilla
Carboneras
Níjar
Agua Amarga
Pta. de la Media Naranja
Alhama de Almería
Gádor
Benahadux
Pechina
Campohermoso
Parque Natural Cabo de Gata - Níjar
Las Cuevas de los Medinas
San Isidro de Níjar
Enix
Viator
Las Negras
La Alcazaba
Catedral
El Alquián
Rodalquilar
Pta. de la Polacra
Parador de Hortichuelas
La Cañada de S.Urbano
Retamar
Aguadulce
ALMERÍA
Castillo San Felipe
El Pozo de los Frailes
El Cabo de Gata
Roquetas de Mar
Golfo de Almería
Almadraba de Monteleva
San José
Playa Serena
Playa de Cerrillos
Cabo de Gata
del Sabinar
Mar de Almería
10 km
Melilla, Nador
Bulla

MARCO POLO

Für Ihre nächste Reise gibt es folgende Titel:

Deutschland
- Allgäu
- Amrum/Föhr
- Bayerischer Wald
- Berlin
- Bodensee
- Chiemgau/ Berchtesgaden
- Dresden/ Sächsische Schweiz
- Düsseldorf
- Eifel
- Erzgebirge/ Vogtland
- Franken
- Frankfurt
- Hamburg
- Harz
- Heidelberg
- Köln
- Lausitz/Spreewald/ Zittauer Gebirge
- Leipzig
- Lüneburger Heide/ Wendland
- Mark Brandenburg
- Mecklenburgische Seenplatte
- Mosel
- München
- Nordseeküste Schleswig-Holstein
- Oberbayern
- Ostfriesische Inseln
- Ostfriesland Nordseeküste Niedersachsen
- Ostseeküste Mecklenburg-Vorpommern
- Ostseeküste Schleswig-Holstein
- Pfalz
- Potsdam
- Rügen
- Ruhrgebiet
- Schwarzwald
- Stuttgart
- Sylt
- Thüringen
- Usedom
- Weimar

Österreich Schweiz
- Berner Oberland/ Bern
- Kärnten
- Österreich
- Salzburger Land
- Schweiz
- Tessin
- Tirol
- Wien
- Zürich

Frankreich
- Bretagne
- Burgund
- Côte d'Azur
- Disneyland Paris
- Elsass
- Frankreich
- Französische Atlantikküste
- Korsika
- Languedoc/ Roussillon
- Loire-Tal
- Normandie
- Paris
- Provence

Italien Malta
- Apulien
- Capri
- Dolomiten
- Elba/Toskanischer Archipel
- Emilia-Romagna
- Florenz
- Gardasee
- Golf von Neapel
- Ischia
- Italien
- Italienische Adria
- Italien Nord
- Italien Süd
- Kalabrien
- Ligurien
- Mailand/ Lombardei
- Malta
- Oberitalienische Seen
- Piemont/Turin
- Rom
- Sardinien
- Sizilien
- Südtirol
- Toskana
- Umbrien
- Venedig
- Venetien/Friaul

Spanien Portugal
- Algarve
- Andalusien
- Barcelona
- Costa Blanca
- Costa Brava
- Costa del Sol/ Granada
- Fuerteventura
- Gran Canaria
- Ibiza/Formentera
- La Gomera/ El Hierro
- Lanzarote
- La Palma
- Lissabon
- Madeira
- Madrid
- Mallorca
- Menorca
- Portugal
- Spanien
- Teneriffa

Nordeuropa
- Bornholm
- Dänemark
- Finnland
- Island
- Kopenhagen
- Norwegen
- Schweden
- Südschweden/ Stockholm

Westeuropa Benelux
- Amsterdam
- Brüssel
- England
- Flandern
- Irland
- Kanalinseln
- London
- Luxemburg
- Niederlande
- Niederländische Küste
- Schottland
- Südengland

Osteuropa
- Baltikum
- Budapest
- Kaliningrader Gebiet
- Masurische Seen
- Moskau
- Plattensee
- Polen
- Prag
- Riesengebirge
- Rumänien
- Russland
- Slowakei
- St. Petersburg
- Tschechien
- Ungarn

Südosteuropa
- Bulgarien
- Kroatische Küste/ Dalmatien
- Kroatische Küste/ Istrien/Kvarner
- Slowenien

Griechenland Türkei
- Athen
- Chalkidiki
- Griechenland Festland
- Griechische Inseln/Ägäis
- Istanbul
- Korfu
- Kos
- Kreta
- Peloponnes
- Rhodos
- Samos
- Santorin
- Türkei
- Türkische Südküste
- Türkische Westküste
- Zakinthos
- Zypern

Nordamerika
- Chicago und die Großen Seen
- Florida
- Hawaii
- Kalifornien
- Kanada
- Kanada Ost
- Kanada West
- Los Angeles
- New York
- San Francisco
- USA
- USA Neuengland/ Long Island
- USA Ost
- USA Südstaaten
- USA Südwest
- USA West
- Washington D.C.

Mittel- und Südamerika Antarktis
- Antarktis
- Argentinien
- Brasilien
- Chile
- Costa Rica
- Dominikanische Republik
- Jamaika
- Karibik/ Große Antillen
- Karibik/ Kleine Antillen
- Kuba
- Mexiko
- Peru/Bolivien
- Venezuela
- Yucatán

Afrika Vorderer Orient
- Ägypten
- Djerba/ Südtunesien
- Dubai/Emirate/ Oman
- Israel
- Jemen
- Jerusalem
- Jordanien
- Kenia
- Marokko
- Namibia
- Südafrika
- Syrien
- Tunesien

Asien
- Bali/ Lombok
- Bangkok
- China
- Hongkong/ Macau
- Indien
- Japan
- Ko Samui/ Ko Phangan
- Malaysia
- Nepal
- Peking
- Phuket
- Rajasthan
- Singapur
- Sri Lanka
- Thailand
- Tokio
- Vietnam

Indischer Ozean Pazifik
- Australien
- Hawaii
- Malediven
- Mauritius
- Neuseeland
- Seychellen
- Südsee

Englische Ausgaben
- Berlin
- Hamburg
- Munich

Sprachführer
- Arabisch
- Englisch
- Französisch
- Griechisch
- Italienisch
- Kroatisch
- Niederländisch
- Norwegisch
- Polnisch
- Portugiesisch
- Russisch
- Schwedisch
- Spanisch
- Tschechisch
- Türkisch
- Ungarisch

In diesem Register sind alle erwähnten Orte und Ausflugsziele, viele Sehenswürdigkeiten und etliche zusätzliche Stichworte verzeichnet. Halbfette Seitenzahlen verweisen auf den Haupteintrag, kursive auf ein Foto.

Schreiben Sie uns!

Liebe Leserin, lieber Leser,

wir setzen alles daran, Ihnen möglichst aktuelle Informationen mit auf die Reise zu geben. Dennoch schleichen sich manchmal Fehler ein – trotz gründlicher Recherche unserer Autoren/innen. Sie haben sicherlich Verständnis, dass der Verlag dafür keine Haftung übernehmen kann. Wir freuen uns aber, wenn Sie uns schreiben.

Senden Sie Ihre Post an die MARCO POLO Redaktion,
Mairs Geographischer Verlag, Postfach 31 51, 73751 Ostfildern,
marcopolo@mairs.de

Impressum

Titelbild: Wallfahrt in El Rocío (Huber: Müller)
Fotos: R. M. Gill (20, 22); HB-Verlag (4, 51), Gonzales (5 l., 24, 61, 76, 92, 102); T. Hoffmann (9); Huber: Müller (113); K. Kallabis (17); laif: Tophoven (2 o., 64, 97), Zinn (12); Mauritius: Troisfontaines (21); Paradores de España (80); D. Renckhoff (U l., U r., 2 u., 5 r., 15, 18, 26, 27, 31, 37, 40, 43, 44, 46, 47, 53, 56, 62, 67, 70, 72, 90, 93); T. Widmann (U M., 1, 6, 7, 11, 25, 33, 63, 78, 83, 84, 87, 88, 94, 98, 101); R. Zoutberg (73)

4. (13.), aktualisierte Auflage 2004 © Mairs Geographischer Verlag, Ostfildern
Herausgeber: Ferdinand Ranft, Chefredakteurin: Marion Zorn
Bildredakteurin: Gabriele Forst
Kartografie Reiseatlas: © Mairs Geographischer Verlag/Falk Verlag, Ostfildern
Gestaltung: red.sign, Stuttgart
Sprachführer: in Zusammenarbeit mit Ernst Klett Verlag GmbH, Stuttgart, PONS Wörterbücher

Printed in Germany. Gedruckt auf 100% chlorfrei gebleichtem Papier

Bloß nicht!

Strapazieren Sie die Toleranz der Andalusier möglichst wenig

Deutsch reden
Die Welt gehört den Touristen. Also reden sie, wie ihnen der Schnabel gewachsen ist. Wie wär's mit einer höflichen Frage: Sprechen Sie Deutsch? Oder noch besser: *¿Habla alemán?* Wenn Ihr Gegenüber bejaht, dürfen Sie loslegen.

Eile
Finden Sie, dass der Mann hinterm Postschalter oder die Frau von der Autovermietung ihre Arbeit wieder viel zu gemächlich angehen? Wenn Sie jetzt anfangen, sich zu ärgern, wird das die Dinge auch nicht beschleunigen. Außerdem: Sie sind doch im Urlaub, wollen sich entspannen und erholen.

Falsche Schlüsse ziehen
Küsschen links, Küsschen rechts und dazu ein strahlendes Lächeln – nehmen Sie's nicht persönlich. Die herzliche Begrüßung gehört zum guten Ton und verrät wenig über die wahren Gefühle. Männer reichen sich untereinander die Hand.

An fremden Tischen Platz nehmen
Die Bar ist knallvoll – aber da hinten am Tisch sitzt nur ein einzelner Spanier. Widerstehen Sie der Versuchung: Kein Andalusier würde sich zu Fremden an den Tisch setzen.

Mitklatschen
Beim Flamenco mitzuklatschen ist ungefähr so angebracht wie in der Oper mitzusingen. Die *palmas* sind Teil der Musik – und nur wer kann, der darf auch. Die *tablaos* für Touristen machen da eine unglückliche Ausnahme.

Weiße Socken
Jedenfalls nicht in Sandalen. Jedes Land pflegt seine Klischees über die anderen. Und Spanier wissen: *Guiris* (Nordeuropäer) tragen weiße Socken in Sandalen.

Beklauen lassen
Andalusien ist nicht gefährlicher als andere Gegenden Europas, doch auch hier warten Gauner auf günstige Gelegenheiten. Behalten Sie Ihre Wertsachen im Auge, und stecken Sie Ihre Papiere lieber in einen Bauchgurt als in die Handtasche. Falls doch etwas passiert: Erstatten Sie unbedingt Anzeige bei der nächsten Polizeistation, sonst zahlt nämlich keine Versicherung.

Militant nichtrauchen
Spanien ist Raucherparadies. Die wenigsten Andalusier kämen auf die Idee, um Erlaubnis zu bitten, sich eine Zigarette anzustecken. Wundern Sie sich also nicht, wenn Ihr Gegenüber zum Feuerzeug greift, während Sie noch den Nachtisch genießen.